Die Aufarbeitung des SED-Unrechts

Meiner verstorbenen Frau
in tiefer Dankbarkeit gewidmet

Hansgeorg Bräutigam

Die Aufarbeitung des SED-Unrechts

Erinnerungen eines Richters

BERLIN STORY VERLAG

Abbildungsnachweis:
Archiv Berlin Story Verlag: S. 107; **Berlin Story Verlag**: S. 32; **BStU**: S. 96, 149, 164, 176/177, 208; **Wieland Giebel**: Frontcover (auch S. 11); **National Archives, Washington**: S. 19; WDR: S. 127; **Wikimedia commons / Bundesarchiv / CC-BY-SA 3.0****: Bild 102-18493 / Pahl, Georg: S. 18, -, Bild 183-B0709-0004-022: S. 23, -, Bild 145-P061246 / o.Ang.: S. 138; **Wikimedia Commons / Ansgar Koreng / CC-BY-SA 3.0****: S. 144 (Kammergericht), 145 (Plenarsaal), **- / Stefan Richter / CC-BY-SA 3.0****: S. 119 (Chris Gueffroy), **- / dierk schaefer / CC-BY 2.0***: S. 63 (Moabiter Justiz- und Strafvollzug), **- / H. Michael Stahl / CC-BY-SA 3.0****: S. 14 (Kriminalgericht Moabit)

* https://creativecommons.org/licenses/by/2.0/de/deed.de

** https://creativecommons.org/licenses/by-sa/3.0/de/deed.de

IMPRESSUM

Bräutigam, Hansgeorg:
Die Aufarbeitung des SED-Unrechts –
Erinnerungen eines Richters
1. Auflage — Berlin: Berlin Story Verlag 2021
ISBN 978-3-95723-179-6

Leuschnerdamm 7, 10999 Berlin
Tel.: (030) 20 91 17 80
Fax: (030) 69 20 40 059
UStID: DE276017878
AG Berlin (Charlottenburg) HRB 132839 B
www.BerlinStory.de, E-Mail: Service@BerlinStory.de
Umschlag und Satz: Norman Bösch, Berlin

WWW.BERLINSTORY.DE

INHALT

VORWORT 9

DIE MACHT DER ERINNERUNG 12
DER 9. NOVEMBER 1989 UND DIE
FOLGEN FÜR DIE DEUTSCHE JUSTIZ

PROZESSE UM DIE VERSCHLEIERUNG
DES SED-VERMÖGENS 34

DER „PUTNIK-DEAL“
Wie die Linke.PDS versuchte, sich Millionen zu sichern . . 39

DER FALL „NOVUM“
UND DIE „ROTE FINI“
Die SED-Gelder in Österreich 49

KASSATIONS- UND
REHABILITIERUNGSPROZESSE 56

STALINISTISCHE SCHAUPROZESSE
Die Waldheimer Urteile 1950 59

WIEDERGUTMACHUNG?
Versuche der Aufhebung rechtswidriger Urteile 62

DER FALL STEFAN HEYM
Verstoß gegen das Devisengesetz der DDR 68

PROZESSE WEGEN „FEINDLICHER EINSTELLUNG“ UND „ROWDYTUM“
Urteile gegen RIAS-Hörer und Fußballfans 70

NACH OST-BERLIN VERSCHLEPPT UND VERURTEILT
Der Fall Fricke / Rittwagen 73

DIE ÜBERPRÜFUNG ALTER URTEILE
Rehabilitierung nach dem Gesetz der DDR-Volkskammer 81

DAS REHABILITIERUNGSGESETZ DER BUNDESREPUBLIK DEUTSCHLAND 86

„LANDESVERRÄTERISCHE NACHRICHTENÜBERMITTLUNG“ UND „STAATSFEINDLICHE HETZE“
Die Regeltatbestände 92

ANWALTLICHE VERTRETUNG UND VERRAT
Der Fall Wolfgang Schnur / Freya Klier und Stephan Krawczyk 95

WIRTSCHAFTSVERGEHEN UND REPUBLIKFLUCHT
Rehabilitierung zu Unrecht Verurteilter 103

STRAFRECHTLICHE AUFARBEITUNG DES SED-UNRECHTS 112

ERST DIE KLEINEN, DANN DIE GROSSEN?
Der erste Mauerschützen-Prozess 118

ANKLAGE WEGEN TOTSCHLAG UND VERSUCHTEM TOTSCHLAG
Der Honecker-Prozess 127

NICHT MEHR VERHANDLUNGSFÄHIG
Das Verfahren gegen Erich Mielke 149

DIE VERANTWORTLICHEN DES GRENZREGIMES
Der erste Politbüro-Prozess 152

DER GELENKTE JUSTIZAPPARAT 166

DIE SED-GESTEUERTE JUSTIZ
Rechtsbeugung in der DDR 168

TODESURTEILE WEGEN „FRIEDENSGEFÄHRDENDER PROPAGANDA“
Der „Gehlen-Prozess“ 180

„BEZAHLTE AGENTEN“
Der „RIAS-Prozess“ 183

„SICHERUNGSMASSNAHMEN IN DER DEUTSCHEN DEMOKRATISCHEN REPUBLIK“
Der Prozess gegen „Schädlinge der Volkswirtschaft“ . . . 186

PROZESSE GEGEN RICHTER UND STAATSANWÄLTE
Verfahren wegen Republikflucht und „Verleiten zum Verlassen der DDR“ 198

AUSREISEANTRAG UND ENTLASSUNG
Zivilverfahren und arbeitsrechtliche Konsequenzen 209

VERSUCHE DER UNRECHTSBEWÄLTIGUNG 220

STAATSDOPING
Der Fall SC Dynamo Berlin 221

VERSUCHTER MORD IM AUFTRAG DER STASI
Der Fall Haack / Welsch 228

DIE NOTWENDIGKEIT DES ERINNERNS 252

ANHANG
Abkürzungsverzeichnis 257
Ausgewählte Literatur 259
Dank 262
Der Autor 264

VORWORT

„Niemals hätte ich gedacht, Erich Honecker, Erich Mielke oder Egon Krenz als Angeklagten im Gerichtssaal von Moabit zu begegnen“, so beschreibt Hansgeorg Bräutigam das bis Ende 1989 nicht nur in der Bundesrepublik, sondern vor allem auch in der DDR Unvorstellbare: Weder ging die SED-Führung, die die DDR und die dort lebenden Menschen mit Hilfe der sowjetischen Besatzungsmacht bis in den Herbst 1989 in ihrer Gewalt hatte, davon aus, dass sie sich jemals für ihre Taten würde verantworten müssen, noch wagten all jene, die während der kommunistischen Herrschaft Opfer politischer Verfolgung und staatlicher Willkür geworden waren, dies zu hoffen. Noch 1989 – nur wenige Monate vor dem Ende dieser Herrschaft – hatte Staatschef Honecker getönt, dass die Mauer auch noch in 50 oder 100 Jahren stehen werde. Denen, die sich nach Freiheit und demokratischen Rechten sehnten, war mit der „chinesischen Lösung“ gedroht worden. Und all zu viele hatten die blutige Niederschlagung des Volksaufstands in der DDR vom 17. Juni 1953 noch in Erinnerung.

Hansgeorg Bräutigam, Anfang der 1990er-Jahre Vorsitzender Richter einer Großen Strafkammer am Landgericht Berlin und in dieser Funktion zuständig für viele der Verfahren gegen Verantwortliche des SED-Regimes, beschreibt in seinem Buch nicht nur das politische und gesellschaftliche Klima nach dem Mauerfall und der deutschen Einheit in Berlin. Hansgeorg Bräutigam beschreibt das Ausmaß der Verfahren, mit dem sich die gesamtdeutsche Justiz nach der deutschen Einheit konfrontiert sah: Überprüfung des juristischen Personals, Überprüfung und Kassation von mutmaßlich politisch motivierten Urteilen wie bei den „Waldheimer Prozessen", die Mauerschützen-Prozesse, die Politbüro-Prozesse, Verschleierung des SED-Vermögens, Rechtsbeugung und Rechtsmissbrauch, um nur einige zu nennen. Er schildert eindrucksvoll die Erwartungen der vielen Opfer des kommunistischen Regimes an Gerechtigkeit. Zugleich geht er auf die (durchaus begrenzten) Möglichkeiten des Rechtsstaats und die Grenzen der strafrechtlichen Verfolgung von Diktaturverbrechen und -unrecht ein, dieses Unrecht zu ahnden und den Opfern wenigstens moralische Wiedergutmachung zu leisten.

Mit seinem Buch ermöglicht Hansgeorg Bräutigam nicht nur einen Rückblick auf den Beginn der strafrechtlichen Aufarbeitung, sondern bietet zugleich einen Überblick über die Schwierigkeiten des juristischen Neubeginns in der ehemaligen DDR und eine Analyse der damaligen Verfahren.

Dr. Anna Kaminsky,
Geschäftsführerin der Bundesstiftung
zur Aufarbeitung der SED-Diktatur

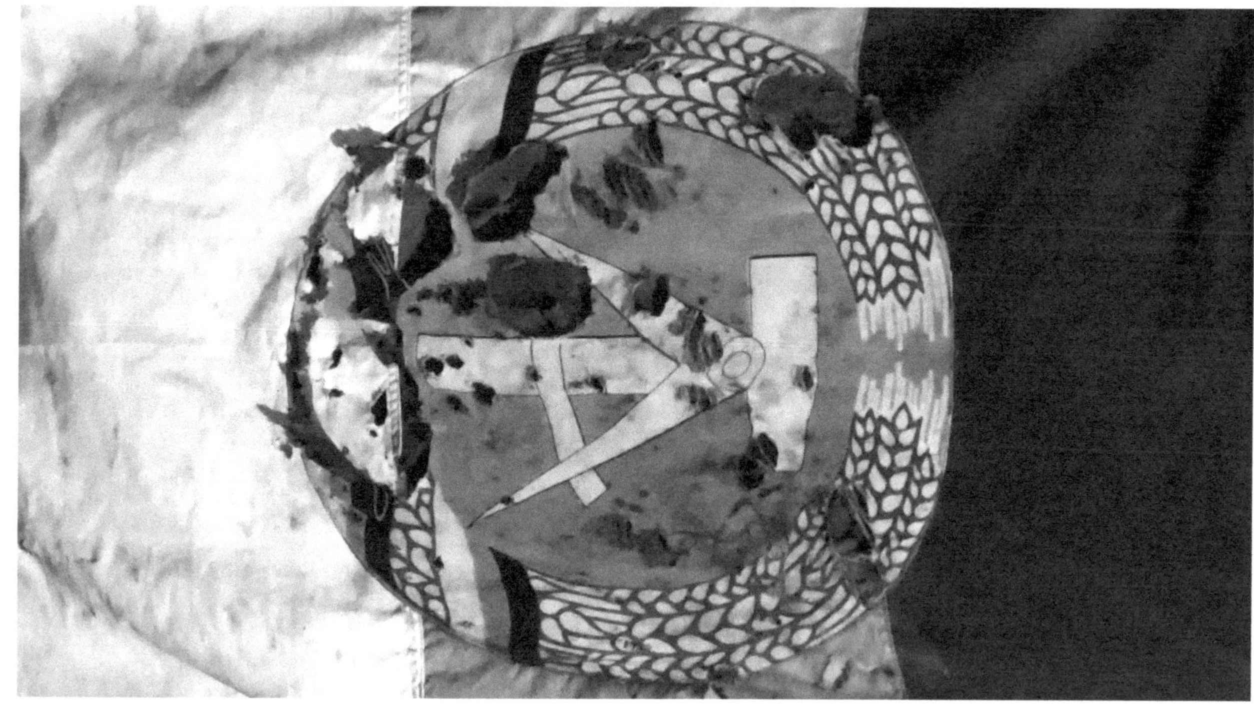

12

DIE MACHT DER ERINNERUNG

DER 9. NOVEMBER 1989 UND DIE FOLGEN FÜR DIE DEUTSCHE JUSTIZ

1945 BIS 1989

Es gibt im Leben viele Tage und Begebenheiten, an die sich jeder erinnert, sei es die Abiturprüfung, die Verlobung, die Hochzeit oder der Sterbetag eines geliebten Menschen. Gelegentlich ist die Erinnerung sehr genau, insbesondere wenn durch ein Ereignis das private oder berufliche Leben beeinflusst wurde oder sich sogar verändert hat. Ich erinnere mich präzise an den 9. November 1989, ein entscheidendes Datum der deutschen und Berliner Geschichte, der Tag, an dem die unmenschliche Mauer zwischen Ost- und West-Berlin fiel und den Weg zur Wiedervereinigung Deutschlands eröffnete.

Ich bin Jahrgang 1937 und habe im Mai 1945 den Einmarsch der Roten Armee in Berlin miterlebt. Soldaten kamen in unsere Wohnung und in den Keller. Wir hatten aber das Glück, nicht in Mitte, Prenzlauer Berg oder Pankow zu wohnen, sondern in Schöneberg, und so gehörten wir bald zum amerikanischen Sektor. Statt der russischen Besatzung kamen im Juli 1945 die Amerikaner. Eine glückliche Fügung, die das

künftige Leben bestimmt und den Blick auf den Ostsektor, die sowjetisch besetzte Zone und dann auf die DDR in eine bestimmte Richtung gelenkt hat. Ich bin in West-Berlin aufgewachsen, habe an der Freien Universität Berlin Jura studiert, den Vorbereitungsdienst als Referendar im Kammergerichtsbezirk abgeleistet, bin dann zur Berliner Justiz gegangen und schließlich Richter im Kriminalgericht Moabit gewesen.

Im Kriminalgericht Moabit finden werden die meisten Strafsachen Berlins verhandelt. Es ist das größte Strafgericht Europas.

Ich bin also ein klassischer sogenannter „Wessi". Was wäre gewesen, wenn meine Familie damals im russischen Sektor gewohnt hätte?

Ein kurzer Blick zurück. Am 10. Juli 1945 wurde durch die drei verbündeten Oberkommandos der Alliierten unter dem Vorsitz des sowjetischen Marschalls Shukow, des amerikanischen Generalleutnants Clay und des britischen Generalleutnants Weeks die Alliierte Kommandantur zur Verwaltung des Gebietes von „Groß-Berlin" errichtet.[1] Der Aufbau der Berliner Verwaltung lag in der Hand der von der Sowjetunion bereits am 30. April 1945 eingeschleusten „Gruppe Ulbricht".[2] Sie bestand aus zehn kommunistischen Emigranten aus Moskau. Leiter war der frühere Reichstagsabgeordnete und Bezirkssekretär der KPD Berlin-Brandenburg Walter Ulbricht, der spätere Generalsekretär der SED und verantwortlich für die Errichtung der Berliner Mauer. Weitere Mitglieder waren unter anderen der spätere Innenminister der DDR Karl Maron und der spätere DDR-Außenminister Otto Winzer. Dabei war auch der am Aufbau der Verwaltung mitwirkende Wolfgang Leonhard. Er brach angesichts der Entwicklung in der Sowjetischen Besatzungszone (SBZ) mit dem Stalinismus und floh im März im März 1949 in den Westen. In seinem berühmt gewordenen Buch über die Zeit von 1935 in Moskau bis zu seiner Flucht aus der Sowjetischen Besatzungszone „Die Revolution entlässt ihre Kinder" beschreibt er, dass Walter Ulbricht seinerzeit die Parole ausgegeben habe: „Es muss demo-

1 Berlin. Quellen und Dokumente 1945-1951, 1. Halbband Nr.71, S. 131, Heinz Spitzing Verlag, Berlin 1964

2 Berlin. Quellen und Dokumente 1945-1951, 1. Halbband Nr. 71, S. 207

kratisch aussehen, aber wir müssen alles in der Hand haben."[3]

Für die Verwaltung der zwanzig Bezirke und für den Magistrat musste die richtige Besetzung gefunden werden. Ulbricht sorgte dafür, dass in den Bezirksverwaltungen die Schlüsselressorts Volksbildung und Personal mit Kommunisten besetzt wurden. Damit wurde bereits der Grundstein für das anfangs stark stalinistisch geprägte Regime der SED gelegt. Bei der Bildung des Magistrats von Berlin spielte die KPD ebenso eine entscheidende Rolle. An der Spitze stand zwar der als etwas naiv beschriebene Oberbürgermeister Arthur Werner, aber sein Vertreter war Karl Maron aus der Gruppe Ulbricht. Auf dem gemeinsamen Parteitag am 21./22.April 1946 kam es in Ost-Berlin zur Zwangsvereinigung von SPD und KPD zur SED.[4] Der Händedruck zwischen den beiden Vorsitzenden Otto Grotewohl und Wilhelm Pieck, dem ersten Präsidenten der 1949 gegründeten DDR, wurde zum Parteisignet.

Aber die SPD gab es in Berlin doppelt. In Zehlendorf hatte sich bereits am 7. April 1946 eine neue SPD gegründet.[5] Die erste und letzte freie Wahl in ganz Berlin vom 20. Oktober 1946 bescherte dann nicht der SED, sondern der SPD die Mehrheit in der Stadtverordnetenversammlung, die Ernst Reuter zum Oberbürgermeister wählte. Die Sowjets erkannten diese Wahl nicht an, sodass Ernst Reuter sein Amt nicht antreten konnte. Stattdessen übernahm seine Stellver-

---

3 Wolfgang Leonhard, Die Revolution entlässt ihre Kinder, S. 440, Kiepenheuer & Witsch 28. Aufl. Köln 2019; s.a. Jens Bisky, Berlin – Biographie einer großen Stadt, S. 638, Rowohlt Berlin, Berlin 2019

4 Ulrich Mählert, Geschichte der DDR 1949-1990, S. 18, Landeszentrale für politische Bildung Thüringen, Erfurt 2014

5 Jens Bisky, Berlin – Biographie einer großen Stadt, S. 651

treterin: Die Sozialdemokratin Louise Schroeder war und ist bis heute die erste und letzte Oberbürgermeisterin Berlins.

1948 wurde die Stadt faktisch auf Verwaltungsebene geteilt. Es gab keine gemeinsame Stadtverordnetenversammlung mehr. Die SED-Fraktion hatte die gemeinsame Sitzung durch Nichterscheinen blockiert. Die Abgeordneten der westlichen Bezirke verließen daraufhin das Stadthaus im Sowjetischen Sektor und zogen in das Schöneberger Rathaus am Rudolph-Wilde-Platz nach West-Berlin, wo 1963, wenige Wochen vor seiner Ermordung in Dallas, der amerikanischen Präsident John F. Kennedy die unvergessenen Worte sprach: „Ich bin ein Berliner." Ernst Reuter wurde zum Oberbürgermeister der drei Berliner West-Sektoren gewählt. 1950 gaben sich die Abgeordneten von West-Berlin eine Verfassung, seitdem heißt die Regierung Senat von Berlin und das Parlament Abgeordnetenhaus von Berlin.

Als West-Berliner ist mir die Blockade der Transportwege von und nach Westdeutschland durch die Sowjetunion 1948/49 in Erinnerung geblieben. „Juni 1948, die Sowjets schnüren die Westsektoren Berlins ab. Die Stadt ist wie von Fieber geschüttelt, zwei Millionen Menschen sind Hunger, Kälte und Dunkelheit ausgesetzt."[6] Rudolf Stiege beschreibt so die 322 Tage und Nächte der Blockade, ihren Anfang und das Ende am 12. Mai 1949. Die Menschen waren verunsichert und sie wurden gerettet durch die vom US-General Lucius D. Clay organisierte Luftbrücke. „Alle 63 Se-

6 Rudolf Stiege, Berlin bleibt doch Berlin, Beiträge zur 750-Jahr-Feier 1987 von der Berliner Morgenpost, S. 329 ff., Ullstein Verlag, Berlin 1987

kunden bringt ein Flugzeug Nahrung und Hoffnung."[7] West-Berlin wird aus der Luft versorgt. Das Luftbrückendenkmal vor dem ehemaligen Flughafen Tempelhof und die Clayallee in Zehlendorf erinnern daran.

Am 9. September 1948, zwei Monate nach Beginn der Blockade, versammelten sich 300.000 Berliner vor dem Reichstagsgebäude, um die Rede des Bürgermeisters Ernst Reuter zu hören, in der es hieß: „Ihr Völker der Welt, ihr Völker in Amerika, in England, in Frankreich, in Italien! Schaut auf diese Stadt und erkennt, dass ihr diese Stadt und dieses Volk nicht preisgeben dürft und nicht preisgeben könnt."

Ernst Reuters Rede am 9. September 1948: „Heute ist der Tag, an dem nicht Diplomaten und Generale reden und verhandeln. Heute ist der Tag, wo das Volk von Berlin seine Stimme erhebt ... Völker der Welt, schaut auf Berlin!" (Das Foto zeigt Reuter im Jahr 1951 mit Erich Duensing, Polizeipräsident von Berlin-West)

Bis 1951 konnten meine Eltern noch am Wochenende Ausflüge ins nahe

7 Rudolf Stiege, Berlin bleibt doch Berlin, ebd.

Umland nach Zernsdorf an den Krüpelsee bei Königs Wusterhausen machen. Sie hatten dort ein mahagonigedecktes Ruderboot mit einem Außenbordmotor. Wir konnten die Dahme aufwärts über Bindow, Gussow und Wolziger See bis zum Scharmützelsee fahren, eine wunderbare idyllische Landschaft. 1951 war es damit vorbei. Die SBZ oder, wie wir sagten, die Ostzone war von nun an für West-Berliner verschlossen. Hinter Schmöckwitz war der Schlagbaum. Unser Boot wurde ersatzlos beschlagnahmt. An Ost-Berlin ist mir nur die Erinnerung geblieben, dass ich bis zum Mauerbau 1961 mehrfach mit einem Studienfreund die Staatsoper Unter den Linden und das Berliner Ensemble am Schiffbauerdamm besucht habe. Mein Bild der DDR wurde vom Volksaufstand am 17. Juni 1953, dem Mauerbau 1961, dem Einmarsch auch der Nationalen Volksarmee 1968 in die Tschechoslowakei[8] und durch die Schika-

8 Die Tschechoslowakei war von 1919 bis 1992 ein mitteleuropäischer Binnenstaat auf dem heutigen Gebiet von Tschechien, der Slowakei und einem Teil Ungarns.

Kinder bauen den Flughafen Tempelhof nach und spielen Luftbrücke

nen bei der Benutzung der Transitstrecken nach Westdeutschland geprägt. Man stand bei der Einreise in die DDR vor der Kontrolle immer in der falschen Fahrspur. Ich erinnere mich an die immer wiederkehrende Frage: „Waffen, Funkgeräte, Munition?“. Man fürchtete die belastende Aufforderung: „Fahren Sie mal rechts ran, steigen Sie aus, öffnen Sie mal den Kofferraum und heben Sie die hintere Sitzbank an.“

1948, 1953 ,1961 und 1989 sind nur Jahreszahlen. Die Bilder machten in diesen Jahren Geschichte und prägten sich ein. Der 17. Juni 1953 ist verbunden mit den Bildern des Demonstrationszugs der Hennigsdorfer Arbeiter auf dem Weg zum Haus der Ministerien in der Leipziger Straße, der russischen Panzer auf dem Leipziger Platz und der aufgebrachten Demonstranten, die mit Steinen warfen. Ohne die russischen Panzer wäre das sozialistische Experiment der SED vermutlich schon damals gescheitert. Danach stiegen die Flüchtlingszahlen, vor dem Auffanglager in Berlin-Marienfelde sammelten sich immer mehr Menschen. August 1961, das Bild der Frau, die aus dem Haus in der Bernauer Straße aus dem Fenster in die Freiheit springen will. Die Toten an der Berliner Mauer und innerdeutschen Grenze. 1989 die Flüchtlinge vor der Botschaft der Bundesrepublik in Prag, die Montagsdemonstrationen in Leipzig.

Nach der Ankündigung des Generalsekretärs der KPdSU Nikita Chruschtschow 1958, aus West-Berlin eine freie Stadt zu machen, richtete sich meine Aufmerksamkeit zunehmend auf den Westen, auf die Garantien der drei Westmächte nicht nur für West-Berlin, sondern auf den Viermächte-Status für Berlin als Ganzes. Der 13. August 1961: Fenster in Häuserfronten wurden zugemauert, Straßen gesperrt, der Verkehr von S- und U-Bahn und Straßenbahn unterbrochen, die Stadt durch Mauern und Stacheldraht geteilt. Heute würde man von einem Lockdown sprechen.

Von 1970 bis1973 war ich Pressereferent von zwei Justizsenatoren, die auch für die Beziehungen Berlins zum Bund zuständig waren. So wurde ich intensiv mit den Ost-West- Beziehungen und der aktuellen Ostpolitik der Bundesregierung befasst, weil es bei den Viermächte-Verhandlungen immer um den Status von Berlin ging. Aber auf das Geschehen in der DDR fiel noch immer kein besonderer Blick.

1989

Dann kam Donnerstag, der 9. November 1989, der Tag des Mauerfalls, der Beginn vom Ende des SED-Regimes und der DDR. Meine Frau und ich waren Gäste der Festveranstaltung zur Verleihung des Goldenen Lenkrads im Berliner Verlagshaus Axel Springer. Anwesend die Chefs der Automobilindustrie sowie Prominente aus Politik, Sport und Kultur. Nach der Preisverleihung ging es mit den rasanten Fahrstühlen zum Empfang in die 19. Etage. Wie in den vergangenen Jahren war im Journalistenclub ein edles Buffet aufgebaut.[9] Gegen 18.30 Uhr trat plötzlich der Verlagssprecher und stellvertretende Chefredakteur der Berliner Morgenpost Stefan Gänsicke an das Mikrofon und verlas die Nachricht, die Mauer öffne sich. Es gebe ab

9 Gut beschrieben in dem Sonderband „Berlin ist das Herz Europas, ich kenn kein anderes", Axel Springer und seine Stadt, Erfüllter Traum, S. 216 ff., Axel Springer Verlag, Berlin 2015

sofort, „unverzüglich“, Reisefreiheit. Kurz zuvor hatte das Politbüromitglied Günter Schabowski eine Pressemitteilung über die vom Politbüro der SED gerade beschlossene Reisefreiheit verkündet.

Die Nachricht schlug ein wie eine Bombe. Der Chefredakteur der Berliner Morgenpost Bruno Waltert und der Regierende Bürgermeister Walter Momper verschwanden sofort. Die meisten Gäste brachen auf. Berlin stand kopf. Meine Frau und ich fuhren nach Hause, um die dramatischen Ereignisse am Fernsehschirm zu verfolgen. Ich ahnte noch nicht, dass meine juristische Tätigkeit davon betroffen sein würde und sich für mich eine völlig neue berufliche Dimension eröffnete. Niemals hätte ich daran gedacht, Erich Honecker, Erich Mielke oder Egon Krenz als Angeklagten im Gerichtssaal von Moabit zu begegnen. Ich dachte daran, vielleicht demnächst in den Spreewald oder nach Rügen fahren zu können, daran, dass die schikanierenden Grenzkontrollen ein Ende hätten. Noch heute habe ich es im Ohr: „Machen Sie mal das rechte Ohr frei“, an den Grenzübergängen in Dreilinden, Marienborn und Rudolphstein, immer im besten Sächsisch. Und immer warten! Aufatmen konnte man erst nach Verlassen der Transitstrecke. Aber jetzt begann das Abenteuer der Wiedervereinigung Deutschlands.

1990

Am 3. April 1990 gehörte ich als langjähriges Mitglied des Präsidiums des Landgerichts zu einer Gruppe von fünf Kollegen, die zusammen mit dem West-Berliner Landgerichtspräsidenten Manfred Herzig zu einem

Das Oberste Gericht der DDR befand sich in der Littenstraße. Heute ist dort das Landgericht Berlin. Das Bild zeigt den Schauprozess 1963 gegen den westdeutschen Minister Hans Globke, Mitverfasser und Kommentator der Nürnberger Rassegesetze der Nationalsozialisten und von 1953 bis 1963 Chef des Bundeskanzleramts unter Konrad Adenauer.

Informationsbesuch nach Ost-Berlin ins Justizministerium der DDR in der Clara-Zetkin-Straße (heute wieder Luisenstraße) fuhr. Es ging um ein Gespräch zu ausgewählten Problemen des Strafrechts der DDR mit Richtern des Obersten Gerichts der DDR. Ich erinnere mich noch an die Richterin im 4. Strafsenat des Obersten Gerichts A. Krömke, die über die Arbeitsweise der gesellschaftlichen Gerichte sprach, und den Vorsitzenden des 2. Strafsenats des Obersten Gerichts Dr. H. Pompoes. Er gab einen Überblick über die Rechtsanwendung im Wirtschaftsrecht. Die Atmosphäre war äußerst kühl. Am 18. April begleitete ich den Landgerichtspräsidenten zu einem Informationsbesuch beim Stadtbezirksgericht Berlin in der Ost-Berliner Littenstraße.

Manfred Herzig berichtet in einem Beitrag zur Jubiläumsschrift „550 Jahre Kammergericht“, wie die damalige Justizsenatorin Jutta Limbach die Präsidentin des Kammergerichts Gisela Knobloch, ihn selbst, den Präsidenten des Landgerichts, den Generalstaatsanwalt beim Kammergericht Dietrich Schultz und andere Leiter der Berliner Justizbehörden in das Nordsternhaus einlud, um über die Konsequenzen der sich abzeichnenden Wiedervereinigung Deutschlands für Berlin nachzudenken und Vorstellungen zu entwickeln.[10] Berlin hatte in diesem Prozess eine Sonderrolle. Es war direkt und unmittelbar betroffen. Die Fläche der Stadt vergrößerte sich in der Nacht vom 2. zum 3. Oktober 1990 um ein Drittel und die Einwohnerzahl stieg von 2,1 Millionen in West- auf 3,3 Millionen im vereinigten Berlin.[11] Detailliert beschreibt Manfred Herzig den komplizierten Einigungsprozess beim Landgericht.[12]

Am 3. Oktober 1990 begann dann die Stunde null. Die im Einigungsvertrag ausbedungenen Sonderrechte für Berlin führten zu einem abrupten Ende der Gerichtsbarkeit im Ostteil der Stadt. Die Gerichte und Staatsanwaltschaften des Westteils übernahmen die Rechtspflege für die Ostbezirke. Das Landgericht Berlin übernahm die Aufgaben des ehemaligen Stadtgerichts Berlin und war damit zuständig für die Reha-

---

10 Manfred Herzig, Die Rolle des Landgerichts Berlin bei der Wiedervereinigung der Berliner Justiz, in: Jubiläumsschrift „550 Jahre Kammergericht", Berlin Story Verlag, Berlin 2018

11 Siehe dazu den 2. Bericht der Berliner Strafverfolgungsbehörden, Erlebnisbericht über die Rolle der Berliner Staatsanwaltschaften bei der Herstellung der Rechtseinheit Berlins 1989/1990, S. 11 ff., von Oberstaatsanwalt Detlev Achhammer, Herausgeber Der Generalstaatsanwalt in Berlin 2010

12 Manfred Herzig, Die Rolle des Landgerichts Berlin bei der Wiedervereinigung der Berliner Justiz, in: Jubiläumsschrift „550 Jahre Kammergericht", Berlin Story Verlag, Berlin 2018

bilitierungsverfahren bezüglich aller erstinstanzlichen Urteile im Bereich des Stadtgerichts Berlin und des ehemaligen Obersten Gerichts der DDR. Um möglichst zu vermeiden, dass Akten verschwinden oder „bereinigt“ werden konnten, wurden in Berlin die Gerichtsgebäude der vormaligen DDR verschlossen, die Bediensteten nach Hause geschickt, alle Akten auf Lastwagen verladen, „in den Westen transportiert“ und dort nach den geltenden Zuständigkeitsregeln verteilt.[13]

Der Einigungsvertrag hatte große Erwartungen geweckt. Zur Erinnerung: Der gesamtdeutsche Gesetzgeber hat sich bewusst gegen ein öffentliches Tribunal, gegen einen moralischen Diskurs entschieden. Stattdessen sollte mit dem Unrechtsbereinigungsgesetz im Kern „Wiedergutmachung“[14] geleistet werden, denn das geschehene Unrecht konnte weder bereinigt noch beseitigt werden. Aber der Begriff war durch die „Wiedergutmachung“ des NS-Unrechts besetzt. Schon in den ersten sechs Monaten gingen 1.644 Anträge auf Rehabilitation ein und das Kriminalgericht Moabit in West-Berlin wurde für viele Berliner zur Anlaufstelle der Rehabilitation für das durch das SED-Regime an ihnen begangene Unrecht. Die dafür notwendige Personalaufstockung gab es nicht. Anders als in den neuen Bundesländern wurden an den Ost-Berliner Gerichten tätige Richter und Staatsanwälte in den Wartestand versetzt. Die Berliner Senatorin für Justiz,

13 Dr. Eckart Dietrich, Strafjustiz nach der Wende, in: Jubiläumsschrift „550 Jahre Kammergericht", Berlin Story Verlag, Berlin 2018

14 40 Jahre SED-Unrecht – Eine Herausforderung für den Rechtsstaat, Sonderheft 2 der Zeitschrift für Gesetzgebung, Verlag C.H.Beck, München 1990; dort Rudolf Wassermann S. 35, Rupert Scholz S. 37

Prof. Dr. Jutta Limbach teilte auf einer Pressekonferenz vom 23.Juli 1991 mit, 368 frühere Richter und Staatsanwälte hätten sich um eine Übernahme beworben. Nach eingehender Überprüfung seien bis zu diesem Zeitpunkt 21 von ihnen neu eingestellt worden. 3.455 Anträge auf Rehabilitierung und 547 Anträge auf Kassation von Strafurteilen waren gestellt. 350 Verfahren waren abgeschlossen.[15]

Nach Rücksprache mit dem Landgerichtspräsidenten übertrug mir das Präsidium des Landgerichts neben dem Vorsitz in der Wirtschaftsstrafkammer 5 zugleich den Vorsitz der neu eingerichteten Strafkammer 6, die für die neu geschaffene Abteilung Kassation und für Rehabilitierung zuständig war. Der Einigungsvertrag eröffnete die Möglichkeit, praktisch jede strafgerichtliche Entscheidung der DDR-Gerichte seit der Gründung der DDR, also vom 7. Oktober 1949 bis zum 3. Oktober 1990, zu überprüfen und gegebenenfalls aufzuheben. Und sofort setzte eine Antragsflut auf Aufhebung von Unrechtsurteilen der DDR-Justiz ein. Allein beim Landgericht Berlin gingen weit über 20.000 Anträge ein, dahinter steckten weit über 20.000 Einzelschicksale. Wegen des außerordentlichen Arbeitsaufwands wurde die Kammer mit vier Beisitzern ausgestattet. Schon in den ersten drei Monaten lagen 162 Kassationsanträge vor, die Verurteilungen seit den fünfziger Jahren betrafen. Zum Teil waren es Verfah-

15 Berichte in den Zeitungen Die Welt, Die Tageszeitung, Der Tagesspiegel, Berliner Zeitung, Volksblatt, Berliner Morgenpost, Frankfurter Allgemeine Zeitung vom 24.7 1991. Ausführlich dazu auch der 2. Bericht der Berliner Strafverfolgungsbehörden, Erlebnisbericht über die Rolle der Berliner Staatsanwaltschaften bei der Herstellung der Rechtseinheit Berlins, S. 70 ff., 1989/1990 von Oberstaatsanwalt Detlev Achhammer, Herausgeber Der Generalstaatsanwalt in Berlin 2010

ren, die unmittelbar vor der Wiedervereinigung noch vom Präsidenten des Obersten Gerichts der DDR oder vom Generalstaatsanwalt der DDR von Amts wegen eingeleitet worden waren und nun vom Landgericht fortgeführt wurden. Gegenstand der Verurteilungen waren Mord, Raub und Vergewaltigung ebenso wie Sabotage, Spionage, Verstöße gegen Steuer-, Devisen- und Zollgesetze oder angebliche Zuwiderhandlungen gegen Artikel 6 der ersten DDR-Verfassung vom 7. Oktober 1949 und die Kontrollratsdirektive Nr. 38.[16] 1991 waren es 414 Anträge und noch 167 im Jahre 1992. Dann lief diese völlig unbefriedigende Regelung der Kassation aus.

Die gut ausgestattete Bibliothek des Amtsgerichts Tiergarten und des Kammergerichts versorgte uns mit Gesetzesmaterialien und mit der eher spärlichen juristischen Strafrechtsliteratur aus der DDR. Es musste nach Gerichtsakten gesucht werden. Adressaten waren die Geschäftsstellen der ehemaligen Stadt- und Kreisgerichte sowie der Staatsanwaltschaften der DDR, die Haftanstalten und natürlich die Bundesbehörde des Bundesbeauftragten für die Unterlagen des Staatssicherheitsdienstes der ehemaligen Deutschen Demokratischen Republik, damals kurz genannt die „Gauck-Behörde", benannt nach dem ersten Bundesbeauftragten und späteren Bundespräsidenten Joachim Gauck. Sie machte es uns anfangs ungemein schwer, an die erforderlichen Unterlagen zu gelangen. Ein Richter oder ein Staatsanwalt musste die Akten,

16 Die Kontrollratsdirektive Nr. 38 war eine vom Alliierten Kontrollrat am 12. Oktober 1946 herausgegebene Direktive über die „Verhaftung und Verfolgung von Kriegsverbrechern, Nationalsozialisten und Militaristen und die Internierung; Kontrolle und Überwachung von möglicherweise gefährlichen Deutschen".

sofern welche aufgefunden wurden, persönlich abholen. Das Archiv des MfS umfasste 240 Kilometer Akten, sechs Millionen Personaldossiers, vier Millionen davon für DDR-Bürger.

1989 hatte es noch 90.000 hauptamtliche Mitarbeiter und 174.000 aktive Inoffizielle Mitarbeiter (IM) gegeben. Während der gesamten Dauer der DDR waren es 600.000.

28 Erstmals bekam ich in der neu geschaffenen Strafkammer 6 einen Eindruck von den rechtsstaatswidrigen Urteilen, die eine willfährige und vom Politbüro gesteuerte DDR-Justiz zu verantworten hatte. Zur Durchführung der sozialistischen Gesetzlichkeit waren zwar die Organe der Rechtspflege berufen. In letzter Instanz war aber das Politbüro der SED Herr des politischen Strafverfahrens gewesen. Die SED-Diktatur dauerte 40 Jahre. Auf breite Zustimmung in der eigenen Bevölkerung hatte sie sich, abgesehen vom starken SED-Kader, niemals stützen können. Allerdings gab es im Westen immer Kräfte, die die DDR schönreden wollten. Widerständler wie Walter Kempowski und Reiner Kunze wurden als widerborstige Störenfriede in der Harmonie erlogener Gemeinsamkeit verachtet. Günter Grass sah in der DDR eine „kommode Diktatur". Es berührt schon merkwürdig, wenn 30 Jahre nach dem Untergang der DDR der Fernsehmoderator Sascha Hingst im Rahmen eines Interviews der Reihe „Berliner Spaziergänge" in der Berliner Morgenpost seine umfänglichen historischen Kenntnisse damit erklärt, die NS-Geschichte Berlins habe ihn schon immer interessiert, und dann fortfährt: „In einer Stadt groß geworden zu sein, die das Zentrum des Bösen war, hat

mich fasziniert.“ Über die selbst erlebte Zeitgeschichte, seine Kindheit und Jugend in der DDR könne er hingegen nur anhand von selektiven Erinnerungen erzählen. Zum einen, weil Erlebnisse erst im Rückblick zur Geschichte werden, zum anderen, weil er in seinem jungen Alter vieles nicht hinterfragt habe. Dass seine Mutter, die ebenfalls als Journalistin arbeitete, über einen Ausreiseantrag nachdachte, habe er damals nicht verstanden. Er hätte mit diesem Schritt seine Freunde verloren, und es ging ihnen doch gut in der DDR. Jeder hatte ein Dach über dem Kopf und eine freie Krankenversicherung. Viel mehr als sich selbst habe er die West-Berliner Verwandten als eingesperrt empfunden. „Bei aller Kritik an der DDR, es war nicht der Untergang der Welt, dort zu leben“, gab er zu Protokoll. „Ich will nicht sagen, es war alles toll. Das war es nicht. Aber gemessen an der Welt insgesamt war es schon ganz okay.“[17] Wer das in der DDR geschehene Unrecht so ausblendet, dessen Geschichtskenntnisse bedürfen einer Auffrischung.

Der letzten Generation der DDR-Opposition gelang es schließlich, das kommunistische Herrschaftssystem mit einer friedlichen Revolution zu stürzen. Vielleicht sollte der oben zitierte Fernsehmoderator das Buch „Wir sind ein Volk! – Oder?“ von Freya Klier lesen. Darin fordert die Autorin: „Du sollst dich erinnern.“ Die bekannte Bürgerrechtlerin berichtet über Stasi-Akten bekannter Politiker, die sie gelesen hat. Umso beklemmender ist es zu beobachten, dass alte SED-Kader und ehemalige Angehörige des MfS auch heute noch versuchen, das SED-Regime nicht nur zu

17 Berliner Morgenpost vom 2.8.2020

bagatellisieren, sondern schönzureden und sogar zu rechtfertigen, und dabei auch noch politische Unterstützung erhalten. Die FDJ feiert ihre Auferstehung und den 7. Oktober, den Tag der DDR-Staatsgründung, und propagiert die sozialistische Gesellschaft und den kommunistischen Staat.

Die moralische Ahndung und strafrechtliche Verfolgung von Unrecht, das in Diktaturen begangen wird, gehört zu den größten Herausforderungen rechtsstaatlicher Systeme. Neben der Verurteilung der Täter spielt vor allem die Wiedergutmachung und Rehabilitierung der Opfer eine zentrale Rolle. Mit diesem Buch berichte ich aus meinen persönlichen Erinnerungen, Kenntnissen und Erfahrungen im Umgang mit der DDR-Justiz. Es soll helfen, Wissensdefizite über die Geschichte der SED-Diktatur und ihre Folgen abzubauen, und es soll der jüngeren Generation vermitteln, wie das SED-Regime unter dem Deckmantel des justizförmigen Verfahrens Menschen in der DDR systematisch zerbrochen und Lebensschicksale zerstört hat. Missliebige Bürger wurden aus politischen Gründen strafgerichtlich verfolgt, in psychiatrische Anstalten gesteckt, zwangsausgesiedelt, sowie an Ausbildung und Fortkommen gehindert. Kinder wurden politisch verfolgten Eltern entzogen und in Erziehungsheimen untergebracht. Schüler und Lehrer wissen darüber zu wenig. Auch jenen Bürgern, die heute in der Verantwortung stehen und die DDR nur noch als junge Leute erlebt haben, ist vielfach die Erinnerung verloren gegangen. Erinnert wird eher die Zeit nach der Wiedervereinigung, der schwierige Beginn, die Abwicklung der Betriebe und die darauffolgende Massenarbeitslosigkeit. Deshalb ist und bleibt es eine wichtige Aufgabe, an die Verwerfungen des SED-Regimes dauerhaft zu erinnern.

In der Berliner Richterschaft sah man 1990 den Verfahren aus der DDR-Justiz gespannt entgegen. Wie mochten „die Kollegen“ gearbeitet haben? Es bewahrheitete sich sehr schnell, dass es eine den Anforderungen des Rechtsstaats genügende Justiz in der DDR nicht gegeben hatte. Es gab keine unabhängigen, nur dem Recht und dem Gesetz unterworfenen Richter. Akten und Archive der DDR belegen, dass die DDR-Justiz ein willfähriges Exekutivorgan der SED war. Der ungeheuerliche Umfang rechtsstaatwidriger politischer Verfolgung wurde deutlich, als mir die Akten der DDR-Justiz nach der Wiedervereinigung Deutschlands nicht nur zur strafrechtlichen Verfolgung der Rechtsbeugung, sondern auch im Rahmen der Kassation- und Rehabilitationsverfahren zur Einsicht vorlagen. Bereits im ersten Jahr nach der Staatsgründung der DDR klagte die Staatsanwaltschaft der DDR um die 78.000 Personen wegen politischer Vergehen an.[18]

Zunächst berührte mich das Thema der Aufarbeitung des SED-Unrechts und Strafverfolgung noch nicht. Erst 1991 bestellte mich das Präsidium zum Vorsitzenden einer Schwurgerichtskammer, die unter anderem mit der Tötung Fluchtwilliger an der Berliner Mauer und an der innerdeutschen Grenze und Totschlag im Zusammenhang mit Rechtsbeugung zuständig war. Als Vorsitzender der Strafkammer 34 war ich später auch zuständig für die strafrechtliche Aufarbeitung des Dopings an minderjährigen Schwimmerinnen des DDR-Kaders. Bereits im Rah-

18 Klaus-Heinrich Debes und Annette Weinke, Aufklärung von DDR-Justizunrecht in Strafverfahren, Deutschland Archiv 10/95, S. 1014 ff.

Grenzübergänge
West-/Ost-Berlin

1 **Bornholmer Straße**
2 Chausseestraße
3 Invalidenstraße
4 Friedrichstraße
Checkpoint Charlie
5 **Heinrich-Heine-Str.**
6 Oberbaumbrücke
7 Sonnenallee

men der Kassations- und Rehabilitierungsverfahren lagen mir zahlreiche Gerichtsakten und Akten des Ministeriums für Staatssicherheit der DDR vor. Der ungeheuerliche Umfang rechtsstaatwidriger politischer Verfolgung wurde für mich in seinem ganzen Umfang sichtbar, als mir auch die Akten der Staatssicherheit der DDR im Rahmen der strafrechtlichen

Die Mauer trennte Berlin von 1961 bis 1989. Die Grenzübergänge wurden nach dem Bau der Mauer erst im Laufe der Zeit geöffnet.

Verfolgung der Tötung Fluchtwilliger an der Berliner Mauer und an der innerdeutschen Grenze bei den Verfahren gegen Mitglieder des Nationalen Verteidigungsrates (Erich Honecker und andere) und des Politbüros (Egon Krenz und andere) sowie bei der strafrechtlichen Verfolgung der Rechtsbeugung und des Staatsdopings zur Einsicht vorlagen.

PROZESSE UM DIE VERSCHLEIERUNG DES SED-VERMÖGENS

Eine erste direkte Begegnung mit SED-Verantwortlichen hatte ich bei deren Versuch, ihr Parteivermögen zu retten. In diesem meinem letzten Wirtschaftsstrafverfahren lernte ich den neuen Führungskader der SED-PDS kennen. Angesichts des Erstarkens der Partei „Die Linke" in Ost und West 30 Jahre nach der Wiedervereinigung lohnt es sich, daran zu erinnern, mit welchen Finessen der alte SED-Kader nachhaltig darum gekämpft hat, das Vermögen der Partei zu verschleiern und für sich politisch nutzbar zu machen.

Die SED löste sich auf ihrem ersten außerordentlichen Parteitag am 17. Dezember 1989 trotz der im Herbst 1989 eingetretenen politischen Veränderungen nicht auf, wie es einzelne Delegierte forderten. Stattdessen wurde aus der SED mit Hilfe ihres letzten Vorsitzenden Gregor Gysi die SED-PDS, dann die Linke.PDS und daraus mit Oskar Lafontaine und der westdeutschen Splittergruppe WASG die Partei „Die Linke". Diese Partei hat es bis heute nicht fertiggebracht, das SED-Unrecht beim Namen zu nennen, den Begriff „Unrechtsstaat DDR" scheut sie wie der Teufel das Weihwasser. Nach wie vor träumt sie davon, den kläglich gescheiterten Versuch eines kommunistisch geprägten Staats auf deutschem Boden zu wiederholen. 1989 hatte die Mehrheit der SED-Delegierten unter Gysis Vorsitz die Fortführung der SED als neue sozialistische Partei mit dem vorläufigen Zusatz „PDS“ beschlossen, und zwar bewusst als Rechtsnachfolgerin der SED, um deren Vermögen zu retten. Die SED verfügte damals über einen umfangreichen Immobilienbestand. Der Barbestand des Vermögens belief sich im Herbst 1989 auf etwa 6,2 Milliarden Mark der DDR. Die Sicherung dieses Vermögens war entscheidend für die Partei und ihr politisches Überleben. Mitglieder und Funktionäre fürchteten, die Partei könnte enteignet oder gar verboten werden und man müsste sich in die Illegalität flüchten. So beschloss das Präsidium bereits am 21. Dezember 1989, das vorhandene Parteivermögen zu erhalten, effektiv für die Parteiarbeit, den Wahlkampf und im Interesse aller Mitglieder der SED-PDS zu nutzen und gleichzeitig wirksame Schritte gegen mögliche Angriffe auf das Eigentum der SED-PDS einzuleiten.[19]

In der Folge führte die SED-PDS über drei Milliarden Mark/DDR an den Staatshaushalt der DDR ab, spendete 250 Millionen Mark/DDR an die Berliner Humboldt-Universität und vergab Darlehen in Höhe von mehreren 100 Millionen Mark/DDR an verschiedene Betriebe, die jetzt meist in der Rechtsform einer GmbH firmierten. Auf diese Weise sollten Arbeitsplätze für die ehemals hauptamtlichen und jetzt entlassenen Parteifunktionäre in privaten Betrieben gesichert werden. In der praktischen Umsetzung

---

19 Vgl. Johannes Kuppe, Die Parteifinanzen – eine Skandalgeschichte, in: Deutschland Archiv Heft 12/1990, S. 1821 ff.

dieser Vorhaben vertrauten Präsidium und Vorstand vollkommen dem später zum Schatzmeister der Partei avancierten Diplom-Gesellschaftswissenschaftler, Juristen und Stahlschiffbauer Wolfgang Pohl, der nach dem Rücktritt des Politbüros und des Zentralkomitees zum Stellvertreter des Vorsitzenden der SED-PDS gewählt worden war. Pohl kümmerte sich fortan um die Finanzen und das Vermögen der Partei. Bei der technischen Abwicklung half der ihm direkt unterstellte finanzrechtlich versierte Diplom-Jurist, Tiefbauingenieur und Maurer Wolfgang Langnitschke. Als die Volkskammer der DDR im Juni 1990 das Parteiengesetz änderte und der Ministerpräsident der DDR Lothar de Maizière eine Unabhängige Kommission zur Überprüfung des Vermögens der Parteien und Massenorganisationen (UKPV) einsetzte und das Vermögen der in der DDR tätigen Parteien rückwirkend zum 7. Oktober 1989 unter die treuhänderische Verwaltung der UKPV stellte, wurde die Situation für die PDS brenzlig. Künftig konnten Vermögensverfügungen wirksam nur noch mit Zustimmung des Vorsitzenden der UKPV vorgenommen werden.

Die UKPV war der Vorläufer der Treuhandanstalt, die dann am 3. Oktober 1990 an deren Stelle trat. Die UKPV verfolgte nach der Übernahme des Hauptgeschäftes durch die Treuhandanstalt die Suche nach veruntreuten und unterschlagenen Vermögen der Organisationen. Sie hat seit Ende 1990 Vermögenswerte in Höhe von rund 1,6 Milliarden Euro ermittelt.[20] Dieses Vermögen wurde nach den Bestimmungen des Einigungsvertrages den früheren Eigentümern

20 Berliner Morgenpost vom 28.3.2010

zurückgegeben oder für gemeinnützige Zwecke, insbesondere der wirtschaftlichen Umstrukturierung in den neuen Bundesländern, verwendet. Den betroffenen Institutionen wurde es nur wieder zur Verfügung gestellt, wenn diese es nach den Kriterien eines Rechtsstaats rechtmäßig erworben hatten. Die unter der Herrschaft der SED erfolgte Vermögensausstattung der Parteien und Massenorganisationen widersprach zumeist solchen rechtsstaatlichen Grundsätzen und wurde rückgängig gemacht.

DER „PUTNIK-DEAL“

WIE DIE LINKE.PDS VERSUCHTE, SICH MILLIONEN ZU SICHERN

Im August 1990 betrat der Diplom-Philosoph, Diplom-Gesellschaftswissenschaftler und Schlosser Karlheinz Kaufmann die Szene. Er war im Februar zum Kreisvorsitzenden der Partei Linke.PDS im Saalekreis gewählt worden. Angeblich über das Hakom-Augenklinikprojekt von Professor Swjatoslaw Fjodorow hatte Kaufmann den Generaldirektor des in Moskau ansässigen sowjetisch-venezolanischen Gemeinschaftsunternehmens „Putnik“ kennengelernt. Die Firma „Putnik“, die in einem kleinen baufälligen Haus in Moskau mit einem karg eingerichteten Büroraum residierte, besaß eine Außenhandelsgenehmigung. 1990 nun sollten der SED fingierte Altforderungen in Rechnung gestellt und das Geld auf ein noch einzurichtendes Konto dieser Moskauer Firma „Putnik“ überwiesen werden. Die fingierten Forderungen beliefen sich auf 25 Millionen DM für die Errichtung eines „Zentrums der Internationalen Arbeiterbewegung“, 70 Millionen DM für die Ausbildung von 350 Studenten aus der Dritten Welt und weitere 12.012.650 DM für die augenärztliche Behandlung der Studenten. So sollten insgesamt rund 107 Millionen DM dem befürchteten Zugriff durch die UKPV entzogen werden. In Moskau sollte das Geld zunächst geparkt und dann später auf ein „Putnik“-Konto nach Oslo überwiesen werden. Dort sollte der PDS der Zugriff wieder ermöglicht werden.

Um das raffinierte Manöver einzuleiten, wurde ein Konto für die Firma „Putnik“ bei der Dresdner Bank in Bocholt und bei der Deutschen Handelsbank AG in Ost-Berlin eingerichtet. Der in Finanztransaktionen völlig unerfahrene Karlheinz Kaufmann hatte Kontakt mit dem ehemaligen Vorsitzenden der DKP in Nordrhein-Westfalen aufgenommen, der ihm den in Berlin (Ost) ausgebildeten früheren KPD-Funktionär Heinz Klostermann empfahl, der in Bocholt ein Unternehmen für Im- und Export, Immobilienhandel und Vermögensverwaltung betrieb. Gegen eine Provision in Höhe von einer Million DM hatte Klostermann bereitwillig seine Hilfe zugesagt und Kaufmann bei der Dresdner Bank in Bocholt eingeführt. In Moskau wurden Mahnschreiben gefertigt, übersetzt, vom Generaldirektor des sowjetisch-zypriotischen Gemeinschaftsunternehmens „Putnik“ Andrej Popow unterschrieben und an den Vorstand der PDS geleitet. So sollte die PDS als Rechtsnachfolgerin der SED die Altforderungen der Firma „Putnik“ begleichen. Wie weit Funktionsträger der Partei in diese beabsichtigten Operationen eingeweiht waren oder ob Pohl, Langnitschke und Kaufmann sie auf eigene Faust durchführten, um Parteivermögen zu retten, ist im Strafverfahren vor dem Berliner Landgericht nie geklärt worden.

Am 1. Juli 1990 war die Währungsunion zwischen der Bundesrepublik und der DDR in Kraft getreten. Pohl, Langnitschke und Kaufmann sorgten konspirativ für die Überweisung von 95 Millionen DM auf das Konto der Firma Putnik, das in Berlin eingerichtet war, und für die weitere Überweisung auf das Bocholter Konto. Das Geld entstammte dem Rentenfonds der SED und war nach Transaktionen mit der Staatlichen Versicherung der DDR nach der Umbenennung der SED zum Umlaufvermögen der PDS geworden. Dieses der PDS gehörende Guthaben von über 400 Millionen Mark/DDR betrug nach der Währungsumstellung noch 220 Millionen DM und lag auf einem Festgeldkonto bei der Deutschen Handelsbank AG in Berlin. Zeichnungsberechtigt waren unter anderen Pohl, Langnitschke, der Parteivorsitzende Gysi und der Leiter der Arbeitsgruppe Rechnungswesen Karl-Heinz Rümmler. Da zwei Zeichnungsberechtigte eine entsprechende Zahlungsverfügung unterschreiben mussten, täuschte Langnitschke den der russischen Sprache nicht mächtigen Rümmler mit selbstgefertigten, inhaltlich falschen russischsprachigen Dokumenten zur Mitzeichnung einer Zahlungsanweisung über 95 Millionen DM auf das Konto der Firma „Putnik", das Kaufmann als deren Vertreter bei der Deutschen Bank eingerichtet hatte. Damit waren die ersten 95 Millionen DM dem Zugriff der UKPV entzogen.

Von Berlin wurde das Geld in verschiedenen Tranchen auf ein Konto in Bocholt überwiesen. Von dort sollte es nach Norwegen transferiert werden, wo Kaufmann mit Hilfe Dritter bereits ein neues „Putnik"-Konto eingerichtet hatte. Einen Teilbetrag transferierte er mit Hilfe eines niederländischen Geschäftsmanns nach Utrecht, wobei er davon ausgehen konnte, dass ihm persönlich drei Prozent der Gesamtsumme von 107 Millionen DM von Langnitschke und

Pohl als Provision zur freien Verfügung standen. Als ein zweiter Teilbetrag in Höhe von 60 Millionen DM in Bocholt einging, bekam die Bank gewissermaßen kalte Füße und vermutete, es könne sich um „Stasi-Gelder“ oder um Geldwäsche im Rauschgiftmilieu handeln; sie blieb trotz aller Bemühungen von Kaufmann, das Geld freizubekommen, misstrauisch und überwies insgesamt 70 Millionen nach Berlin zurück. Inzwischen organisierte Langnitschke unter erneuter Täuschung Rümmlers die Überweisung von zwölf Millionen DM auf das „Putnik“-Konto. Kaufmann transferierte schließlich die zurückgekommenen 70 Millionen DM nach Oslo und 21 Millionen DM nach Utrecht.

Auch in Oslo wurde man angesichts der Höhe des Betrags misstrauisch. Über niederländische und norwegische Sicherheitsbehörden bekam das Bundeskriminalamt Wind von dem Verdacht illegaler Geldtransaktionen. So begannen Ermittlungen bei der Deutschen Handelsbank. Am 18. Oktober 1990 durchsuchte die Berliner Staatsanwaltschaft die PDS-Zentrale in Berlin, was erhebliches Aufsehen erregte. Die Staatsanwaltschaft hatte aufgrund gefundener Unterlagen befürchtet, dass die PDS durch die DHB vorgewarnt worden sein könnte, und deshalb wegen Gefahr im Verzuge ohne richterlichen Beschluss die Durchsuchung der Parteizentrale angeordnet. Erst jetzt – so die damaligen Ermittlungen – erfuhren der extra zu Erkundigungen nach Moskau gereiste Parteivorsitzende Gregor Gysi, der Ehrenvorsitzende Hans Modrow und der stellvertretende Vorsitzende André Brie von den Vorgängen. Gysi erhielt vom damaligen Deutschlandexperten des Zentralkomitees der KPdSU

Valentin Falin die Auskunft, dass „Putnik“ und die KPdSU keine Altforderungen gegenüber der SED bzw. der PDS hatte oder geltend machen würde. Die KPdSU distanzierte sich öffentlich.

Langnitschke, Pohl und Kaufmann mussten sich Ende des Jahres 1991 vor dem Berliner Landgericht wegen des Vorwurfs der Untreue zum Nachteil des Parteivermögens der PDS verantworten. Obwohl sie der Ansicht waren, sich nicht strafbar gemacht zu haben, weil sie doch im Rahmen der Parteibeschlüsse und im Interesse der Partei und ihrer Gremien gehandelt hätten, verurteilte sie die 5. Große Strafkammer des Landgerichts Berlin nach mehrmonatiger Hauptverhandlung und umfassender Beweisaufnahme in der ersten Instanz zu Bewährungsstrafen[21], weil unter anderen die beiden Parteivorsitzenden Gysi und Brie bekundet hatten, im Vorstand und im Präsidium hätte die klare Linie bestanden, keine illegalen Transaktionen durchzuführen. Gysi hatte eine achtseitige Presseerklärung verlesen, in der er zudem erklärte, über die Vorgänge zur Überweisung der 107 Millionen DM an die Firma „Putnik“ sei er bis zum Tag der ersten Hausdurchsuchung durch die Berliner Staatsanwaltschaft und die Polizei im Karl-Liebknecht-Haus nicht informiert und in keiner Weise einbezogen gewesen. Er hätte bis dahin keine Kenntnis von der Firma „Putnik“ gehabt. Im Übrigen berief sich Gysi auf sein Zeugnisverweigerungsrecht als Rechtsanwalt sowie als Abgeordneter der Volkskammer und des Bundestages und erklärte, keine Antworten mehr zu geben, weil er nicht mehr wisse, was er in welcher Eigenschaft

21 LG Berlin, Urteil vom 20.3.1992 – (505) 1 Bt Js 287/90 Kls (14/91)

erfahren habe, und sich deshalb in einer Konfliktlage befinde. Der Wahrheitsgehalt seiner Aussage wäre dadurch jedoch nicht berührt.

Weil das Landgericht Berlin mit Rücksicht auf das von Gregor Gysi geltend gemachte Zeugnisverweigerungsrecht dessen Vernehmung abgebrochen, auf seine Aussage aber die Verurteilung der drei Angeklagten gestützt hatte, hob der Bundesgerichtshof (BGH) das Urteil im Oktober 1993 auf.[22] Die 14. Große Strafkammer des Landgerichts Berlin sprach die Angeklagten im Wiederholungsprozess im Juni 1995 frei.[23] Nach Auffassung des Gerichts erfüllten diese mit ihren Handlungen nicht die Tatbestände der Untreue bzw. Beihilfe dazu, da sie im Auftrag und mit Wissen der Verantwortlichen der PDS sowie ohne persönliche Bereicherungsabsicht mit dem Ziel gehandelt hätten, die entsprechenden Gelder für die PDS zu sichern. In der Berliner Zeitung hieß es, deutlicher hätte die Vorsitzende Richterin Marianne Moritz den Freispruch für Wolfgang Pohl, Wolfgang Langnitschke und Karl-Heinz Kaufmann nicht begründen können. Das Gericht ging davon aus, dass Pohl und Langnitschke die Pflicht hatten, die Vermögensinteressen der PDS wahrzunehmen. Sowohl die Beschlüsse des Parteitages wie auch die des Präsidiums hatten 1990 nach Auffassung der Richter das Ziel, das Vermögen der Partei zu sichern. Sie gingen davon aus, dass sich an der „Finanzdiskussion“ auch Gregor Gysi, Hans Modrow und André Brie beteiligt hätten. Es sei die Devise ausgegeben worden: „Seht zu, wie ihr das macht. So genau wollen wir das gar nicht wissen.“ Für die

22 BGH, Urteil vom 20.10.1993 – 5 StR 635/92
23 LG Berlin, Urteil vom 20.6.1995 – (514) 22 Bt Js 287/90 Kls (9/93)

Kammer stand fest: Die Angeklagten, geprägt von den Wertvorstellungen der DDR und der Anerkennung der herausragenden Stellung der Partei, „hätten ohne Rückhalt der Partei nicht gehandelt“.

DER UNTERSUCHUNGSAUSSCHUSS DES BUNDESTAGES

Der Untersuchungsausschuss des Deutschen Bundestages stellte in seinem Bericht zum „Putnik-Deal“ fest: „Trotz vielfältiger bereits getroffener Maßnahmen zur ‚Vermögenssicherung‘ verfügte die PDS im Sommer 1990 immer noch über ein sehr großes Barvermögen. Daher beauftragte das Präsidium der PDS den stellvertretenden Parteivorsitzenden Wolfgang Pohl und den Leiter des Bereichs Parteifinanzen, Wolfgang Langnitschke, Gelder der Partei unter Zuhilfenahme der KPdSU ins Ausland zu transferieren. Zur Verschleierung der Überweisungen wurde die Möglichkeit ins Auge gefasst, hierfür die Konten der in der DDR stationierten sowjetischen Streitkräfte zu nutzen. In Absprache mit dem Präsidium reiste Wolfgang Pohl daher vom 15. bis 16. Juni 1990 nach Moskau, um mit der Parteiführung der KPdSU Möglichkeiten zur Verbringung der PDS-Gelder zu diskutieren.“ [24] Nach seiner Rückkehr aus Moskau schlug Pohl dem PDS-Präsidium den ihm angeratenen Weg vor, Altforderungen eines sowjetischen Unternehmens an die SED als Tarnung für den Geldtransfer zu nutzen, unter Einbeziehung zuverlässiger PDS-Genossen den jederzeitigen Zugriff

24 Bundestagsdrucksache 13/10900, S. 204-208

der Partei auf die überwiesenen Gelder zu sichern und über Karl-Heinz Kaufmann das Geld als fingierte Tilgung von Altschulden auf Auslandskonten eines sowjetischen Unternehmens zu überweisen, für die allein Kaufmann Vollmacht haben sollte. „Das Präsidium gab hierzu seine Zustimmung, wollte jedoch nicht in die Details des Plans eingeweiht werden." [25]Zeitgleich mit diesen Planungen führte der Vorsitzende der PDS Gregor Gysi im Juni 1990 einen Schriftwechsel mit dem Vorsitzenden der UKPV, Rechtsanwalt Georg Reinicke, in dem er sich erkundigte, welche Vermögensbewegungen nach Inkrafttreten des Parteiengesetzes zum 1. Juni 1990 noch zulässig seien und welche nicht. In seiner Antwort erläuterte der Vorsitzende der UKPV, dass mit Ausnahme der Erfüllung von Rechtspflichten aus Umlaufmitteln und Bewegungen bis 10.000 DM aus Grundmitteln alle Vermögensbewegungen zustimmungspflichtig waren.[26] „In Absprache mit dem PDS-Präsidium wurde Kaufmann durch Pohl und Langnitschke ermächtigt, 3 % des Gesamtbetrages, d.h. ca. 3,2 Mio. DM, für Unkosten und anfallende Provisionen zu verwenden. Außerdem wurde er angewiesen, das Geld möglichst gewinnbringend anzulegen."[27] Weiter heißt es in dem Bericht: „Nach der Rückkehr von Dr. Gysi aus Moskau am Abend des 25. Oktober fand noch in der Nacht eine Krisensitzung in der Wohnung von Dr. Hans Modrow statt, an der neben den Vorgenannten auch der damalige stellvertretende Vorsitzende und spätere Wahlkampfleiter der PDS, Dr. André Brie, sowie Pohl und Langnitschke

25 Bundestagsdrucksache 13/10900, S. 205
26 Bundestagsdrucksache 13/10900, S. 205
27 Bundestagsdrucksache 13/10900, S. 206

teilnahmen. Im Ergebnis dieser Besprechung sollten Pohl und Langnitschke am darauffolgenden Tag eine öffentliche Erklärung abgeben, in der sie die alleinige Verantwortung für den ‚Putnik-Deal' übernehmen würden. Während sich Pohl dazu bereiterklärte, lehnte Langnitschke dies aus der Überzeugung heraus ab, im Auftrag der Partei gehandelt zu haben. Vor dem Untersuchungsausschuss bekundete Langnitschke, er habe sich als Bauernopfer gefühlt."[28]

Am 8. Juni 1998 verunglückte Wolfgang Langnitschke in Lugano tödlich als Fußgänger auf einem Zebrastreifen.

Das Rätsel, welche Kenntnisse zu den Details des „Putnik-Deals" die Verantwortlichen der PDS, das heißt Vorstand und Präsidium sowie insbesondere der damalige Parteivorsitzende Gregor Gysi, wirklich hatten, konnte auch der Untersuchungsausschuss nicht lösen. Während Pohl und Langnitschke sich im Untersuchungsausschuss auf Wissen und Billigung des Vorstands und des Präsidiums berufen haben, haben Gregor Gysi, Lothar Bisky, André Brie und Marlies Deneke nichts zur Aufklärung beigetragen. Sie haben, nach Auffassung des Untersuchungsausschusses zu Unrecht, mit im wesentlichen gleichlautenden Erklärungen die Auskunft in vollem Umfang verweigert.[29] Langnitschke hat nach dem Ausschussbericht eine frühere Aussage vor der Staatsanwaltschaft bestätigt, „wonach Gysi nach Bekanntwerden des ‚Putnik-Deals' in der Öffentlichkeit in seinem und Pohls Beisein die

28 Bundestagsdrucksache 13/10900, ebd. Siehe zum Untersuchungsausschuss auch Hubertus Knabe, Die Täter sind unter uns, Propyläen Verlag, Berlin 2007

29 Bundestagsdrucksache 13/10900, S. 208

Frage gestellt habe, ob und gegebenenfalls wie man die Legende absichern könne. Sie seien sodann übereingekommen, hierzu Gespräche mit der KPdSU zu führen. Auf Nachfrage bestätigte Langnitschke, dass mit dieser Vorgehensweise erreicht werden sollte, die Angelegenheit weiter zu verschleiern.[30]“ Der Treuhand ist es im Ergebnis gelungen, alle im Rahmen des „Putnik-Deals“ verschobenen PDS-Gelder zurück zu gewinnen.

30 Bundestagsdrucksache 13/10900, ebd.

DER FALL „NOVUM" UND DIE „ROTE FINI"

DIE SED-GELDER IN ÖSTERREICH

Weitaus hartnäckiger erwiesen sich die Beteiligten bei dem Versuch, den Verbleib des der SED-PDS zuzurechnenden Vermögen der „Novum-GmbH" zu verschleiern. Nur mühselig gelang es der UKPV und der Treuhandanstalt – seit 1995 in Bundesanstalt für vereinigungsbedingte Sonderaufgaben umbenannt –, die „Novum" als das zu enttarnen, was sie in Wirklichkeit von Anfang an war: eine Tarnfirma der KPD bzw. der SED, die vornehmlich Geschäfte mit österreichischen und anderen ausländischen Firmen vermittelt und dabei mehrere hundert Millionen Euro erwirtschaftet hatte.[31] Als die Treuhand im Juni 1992 nach dem Parteiengesetz der DDR feststellte, dass die von der österreichischen Kommerzialrätin Rudolfine Steindling (genannt die „Rote Fini") gehaltenen Geschäftsanteile an der „Novum" ihrer Treuhandverwaltung unterlägen, begann ein jahrelanges Tauziehen um ein geschätztes Vermögen von 250 Millionen Euro zugunsten der neuen Bundesländer. Rudolfine Steindling behauptete mit Nachdruck, die „Novum" gehöre wirtschaftlich zur Kommunistischen Partei

31 BVerwG, Pressemitteilung. 66/2004 vom 16.11.2004

Österreichs (KPÖ). Die Verbindung zur KPÖ war aber konstruiert und es bedurfte eines zwölf Jahre langen Verwaltungsgerichtsprozesses, bis das Bundesverwaltungsgericht[32] im Oktober 2004 rechtskräftig feststellte, dass das Vermögen und die Geschäftsanteile der „Novum" nicht der KPÖ, sondern der ehemaligen SED zuzurechnen war. Kernfragen des Rechtsstreits waren, ob die „Novum" eine mit der SED verbundene juristische Person war und ob Rudolfine Steindling wirksame Treuhanderklärungen zugunsten der SED abgegeben hatte.

Eine Schlüsselrolle in dem Verfahren spielten die Ostberliner Notarin Ingeborg Gentz und die überzeugte Kommunistin Rudolfine Steindling. Es gelang zunächst die Feststellung, dass bereits am 31. Mai 1951 die der KPÖ nahestehenden Kaufleute Oswald Rein und Georg Knepler die SED-Firma „Novum" mit einem Grundkapital von 50.000 DDR-Mark im damaligen Ost-Berlin gegründet hatten. Beurkundet hatte den Gesellschaftsvertrag das Notariat Ingeborg Gentz. Im Laufe der Jahre wurden die Gesellschaftsanteile mehrfach abgetreten – und zwar immer über das Notariat Gentz – und schon für den 27. November 1953 war urkundlich nachweisbar, dass die Nachfolger eine Erklärung abgegeben hatten, wonach sie die Geschäftsanteile nur treuhänderisch für die „Zentrag", einen SED-Betrieb, hielten. 1978 übernahm dann Rudolfine Steindling einen ersten Geschäftsanteil in Höhe von 25.000 Mark der DDR. 1983 übernahm sie den zweiten Geschäftsanteil in derselben Höhe. So war Steindling zum Zeitpunkt des Beitritts der DDR

32 BVerwG, Beschluss vom 14.10.2004 – BVerwG 6 B 7.04

zur Bundesrepublik alleinige Gesellschafterin und Geschäftsführerin der „Novum“. Schnell zu klären war die wirtschaftliche Zugehörigkeit des SED-Betriebes „Zentrag“ zur SED und damit die wirtschaftliche Zugehörigkeit zum Vermögen der SED-PDS, obwohl die PDS nach Auffassung des letzten Vorsitzenden der UKPV, Christian von Hammerstein, bei der Aufklärung nicht gerade kooperativ war.[33] Rudolfine Steindling selbst verteidigte sich jahrelang mit der stets wiederholten Behauptung, sie hielte die Geschäftsanteile nicht für die „Zentrag“, sondern für die KPÖ, was diese selbstverständlich bestätigte. In der ersten Instanz erklärte dann auch 1996 das Verwaltungsgericht Berlin[34], die vorliegenden Dokumente belegten die Zugehörigkeit der „Novum“ zur KPÖ.

Erst im Berufungsverfahren gelang der Durchbruch. Nach einer erneuten umfangreichen Beweisaufnahme hat das Oberverwaltungsgericht Berlin[35] im Dezember 2003 in einem über 200 Seiten langen Urteil detailliert dargelegt, dass die „Novum“ wirtschaftlich dem Vermögen SED-PDS zuzurechnen war. Die „Novum“ war eine Tarnfirma der SED. Zweite Erkenntnis: Rudolfine Steindling hatte 1978 bei dem Erwerb des ersten Geschäftsanteils eine wirksame Treuhanderklärung zugunsten der „Zentrag“ und 1983 bei dem Erwerb des zweiten Geschäftsanteils eine wirksame Treuhanderklärung zugunsten der „Novum“ und damit der „Zentrag“ abgegeben. Das Lügengebäude brach zusammen, als die Berliner Staatsanwaltschaft im August 1997 im Zuge eines Ermittlungsverfahrens

33 Berliner Morgenpost vom 31.3.2010
34 VG Berlin, Urteil vom 12.12.96 – VG 26 A 788.92
35 OVG Berlin, Urteil vom 23.9.2003 – OVG 3 B 11.96

gegen Rudolfine Steindling wegen des Verdachts der Untreue zum Nachteil der „Novum“ die Kanzleiräume eines Berliner Notars durchsuchte und mehrere Vermerke der Rechtsanwälte Gerhard Jungfer, Stefan Schreiter und Dr. Alexander Eich vom 23. November 1992, 19. und 21. März 1993 über eine Besprechung in Wien beschlagnahmte. Zwar wurde die Beschlagnahme im Ermittlungsverfahren gerichtlich als unzulässig erklärt, da aber die UKPV eine Anschlussbeschlagnahme durchgesetzt hatte, waren die Unterlagen für das Verwaltungsgerichtsverfahren verwertbar. Und so wurde bekannt, dass der frühere Prozessbevollmächtigte von Rudolfine Steindling, der ehemalige SPD-Bundestagsabgeordnete und Rechtsanwalt Manfred Schmidt, aus der die „Novum“ betreffenden Handakte des Notariats Gentz fünf Seiten „belastender Art“ entnommen hatte. Rechtsanwalt Gerhard Jungfer hatte in dem Gesprächsvermerk vom 19. März 1993 niedergelegt, dass der Handakte Mitteilungen der Notarin Gentz an die „Zentrag“ über Geschäftsführerbestellungen und Treuhanderklärungen entnommen worden seien. Über das gleiche Gespräch hatte der Rechtsanwalt Stefan Schreiter vermerkt, dass es sich bei den entfernten Schreiben um solche der Notarin Gentz an den Justitiar der „Zentrag“ gehandelt habe, in denen auch die Treuhanderklärungen von Rudolfine Steindling zugunsten der „Zentrag“ erwähnt würden.

Nun setzte sich für das Oberverwaltungsgericht Berlin alles zusammen. Aus vielen zeitgenössischen Dokumenten – unter anderem aus der IM-Akte der Notarin Gentz, einem Brief an Erich Honecker –, aus Aussagen mehrerer Zeugen und Berichten für das Ministerium für Staatssicherheit ergab sich nach Auffassung des OVG Berlin, dass bei der seit 1945 als Notarin zugelassenen Genossin Gentz die Gründungsversammlung aller Parteibetriebe – so auch der „Zentrag" – und alle Transaktionen mit Parteivermögen beurkundet worden waren. Zeugen berichteten über die guten Kontakte der Familie Gentz zur Führungselite der DDR und über das besondere Vertrauensverhältnis zwischen dem Sekretariat der KPD und später der SED wie auch der „Zentrag" zum Notariat Gentz und über die Betreuung verantwortlicher Genossen in persönlichen Angelegenheiten. Eine Einsicht in ihr Urkundenregister seit 1970 konnte die Notarin dem Gericht zwar unter Berufung auf ihre Verschwiegenheitspflicht nach der Bundesnotarordnung erfolgreich verweigern. Gleichwohl vermochten die von Rudolfine Steindling benannten Zeugen für die Behauptung, 1978 sei das Büro Gentz nicht mehr für die „Zentrag" bzw. SED tätig gewesen, das OVG nicht zu überzeugen. Das Gericht hat ihre Aussagen entweder als unglaubhaft oder die Zeugen als unglaubwürdig bewertet. Über den Justiziar der „Zentrag" Günter Scharfenberg heißt es zum Beispiel: „Sein gesamtes Auftreten in beiden Vernehmungsterminen ließ starke Vorbehalte gegenüber Justizbehörden der Bundesrepublik Deutschland bis hin zu einer teilweisen feindseligen Haltung gegenüber dem Senat erkennen" – eine ungewöhnlich drastische Einschätzung eines Zeugen.

Bei der Urteilsfindung hat auch die durch Dokumente und Zeugenaussagen belegte Erkenntnis eine Rolle gespielt, dass die SED im Ausland über sogenannte Tarnfirmen verfügte und die Idee der Legendenbildung von Firmen Bestandteil des in Partei- und Wirtschaftskreisen vorhandenen Gedankengutes war.[36] Die Gründung der „Novum“ fiel 1951 in die Phase der DDR-Wirtschaftsgeschichte, die von Repressionen gegen die Privatwirtschaft sowie der Verdrängung und Liquidierung von Privatunternehmen gekennzeichnet war. Die Gründung einer privatrechtlich organisierten, im Außenhandel tätigen Tarnfirma wie der „Novum“ passte zu den massiven wirtschaftspolitischen Interessen der SED und beruhte nach Aussagen eines der Gründungsgesellschafter und mehrerer Funktionäre der KPÖ auf einer Absprache zwischen der KPÖ und der SED. Entgegenstehende Erklärungen ihrer ehemaligen Generalsekretäre Franz Muhri und Erich Honecker zur Vermögenslage der „Novum“ bewertete das OVG als unglaubhaft, weil Honecker, so die Überzeugung des Gerichts, erhebliches Interesse hätte, das Vermögen der Bundesrepublik vorzuenthalten, und Muhri das Interesse, das Vermögen für die KPÖ zu erhalten. Schließlich hatte Rudolfine Steindling bei der Beweiswürdigung schlechte Karten, weil sie Beweismittel pflichtwidrig hatte beseitigen lassen und ihrem ehemaligen Prozessbevollmächtigten, dem Rechtsanwalt Manfred Schmidt, zur Überzeugung des OVG jede Glaubwürdigkeit fehlte. So sah es das OVG als erwiesen an, dass die „Novum“ wirtschaftlich der SED zuzuordnen war und dass – insbesondere aufgrund der bei der Durchsuchung sichergestellten erwähnten Gesprächsvermerke – Rudolfine Steindling jeweils bei dem Erwerb der Geschäftsanteile der „Novum“ wirksame Treuhanderklärungen zugunsten

36 Vgl. Peter Sager, Getarnte Firmen. Der kommunistische Wirtschaftskrieg in Österreich, Schweizerisches Ostinstitut, Bern 1962

der „Zentrag“ bzw. der „Novum“ und damit zugunsten der SED abgegeben hatte.

Das Bundesverwaltungsgericht hat den rechtlichen Ausgangspunkt des OVG Berlin gebilligt und hinsichtlich der Einzelfeststellungen und Bewertungen des OVG keine Gründe für die Zulassung einer Revision gesehen.[37] Zähigkeit und Beharrungsvermögen in der Verfolgung der Ansprüche aus DDR- und SED-Vermögen hatten sich ausgezahlt. Ein Züricher Gericht hat im April 2013 die Bank Austria verurteilt, 230 Millionen Euro verstecktes „Novum“-Vermögen, das heißt also SED- bzw. PDS-Vermögen, an die Bundesrepublik Deutschland auszuzahlen.

37 Beschluss des BVerwG vom 14.10.2004 – AZ: BVerwG 6 B 7.04

KASSATIONS- UND REHABILITIERUNGS-PROZESSE

Die Opfer der SED-Diktatur hofften nach der Wiedervereinigung auf Gerechtigkeit und Genugtuung. Dabei ging es nicht nur um die strafrechtliche Verfolgung der Täter, es ging in besondere Weise um die Beseitigung des Unrechts und die Rehabilitierung der Opfer. Im Einigungsvertrag vom 31. August 1990 hatten die Vertragsparteien in Artikel 17 verabredet, unverzüglich eine gesetzliche Grundlage dafür zu schaffen, „dass alle Personen rehabilitiert werden können, die Opfer einer politisch motivierten Strafverfolgungsmaßnahme oder sonst einer rechtsstaats- und verfassungswidrigen gerichtlichen Entscheidung geworden sind. Die Rehabilitierung dieser Opfer des SED-Unrechtsregimes ist mit einer angemessen Entschädigungsregelung zu verbinden.“

Dass nicht alle Wünsche in Erfüllung gegangen sind, spiegelt sich in dem viel zitierten Ausspruch der Bürgerrechtlerin Bärbel Bohley: „Wir haben Gerechtigkeit erwartet und den Rechtsstaat bekommen.“ Dabei ist anzuerkennen, dass noch wenige Wochen vor ihrem Untergang die DDR selbst einen Versuch unternommen hat, das SED-Unrecht aufzuarbeiten. Am

6. September 1990 hatte die Volkskammer ein eigenes Rehabilitierungsgesetz verabschiedet[38] und dies als ein wesentliches Element der Politik zur demokratischen Erneuerung der Gesellschaft, des Staates und des Rechts in der Deutschen Demokratischen Republik bezeichnet. Die Präambel formulierte, dass die „Kriminalisierung friedlicher, gewaltfreier politischer Tätigkeit durch Gesetzgebung oder Rechtsprechung unvereinbar mit den verfassungsmäßigen politischen Grund- und Menschenrechten jedes Bürgers" ist. Das Gesetz regelte die strafrechtliche, verwaltungsrechtliche und berufliche Rehabilitierung.[39] Das Anliegen der Volkskammer, alle Personen, die in der Vergangenheit – das heißt seit dem 8. Mai 1945 – durch Verletzung dieser Grundsätze verfolgt oder benachteiligt wurden, sowohl vom Makel strafrechtlicher Verurteilung als auch von anderer Diskriminierung zu befreien, wurde allerdings – bedingt durch den Einigungsvertrag – nur bruchstückhaft umgesetzt. Möglich war zunächst nur die strafrechtliche Rehabilitierung. Die verwaltungsrechtliche und berufliche Rehabilitierung blieb aus finanziellen Gründen ausgeblendet. Die strafrechtliche Rehabilitierung setzte die Verurteilung durch ein deutsches Gericht in der Sowjetischen Besatzungszone zwischen dem 8. Mai 1945 und dem 7. Oktober 1949 oder eine Verurteilung durch ein Gericht der DDR zwischen dem 8. Oktober 1949 und dem 30. Juni 1990 oder ein Strafverfahren voraus, das ohne Urteil beendet wurde. Nicht möglich war die Rehabilitierung gegenüber Maßnahmen alliierter Besatzungsmächte.

38 Zur Entstehungsgeschichte siehe Wolfgang Pfister, Das Rehabilitierungsgesetz, in: NStZ 1991, S. 165, 166

39 GBl. der DDR I, Nr. 60, S. 1459

STALINISTISCHE SCHAUPROZESSE

DIE WALDHEIMER URTEILE 1950

Das galt auch für die vielen Urteile der sowjetischen Militärtribunale in den von der Sowjetunion nach Kriegsende eingerichteten Internierungslagern. Bis 1949 hatten ausschließlich der sowjetische Geheimdienst und die sowjetischen Militärtribunale die Unterdrückung und strafrechtliche Verfolgung echter und vermeintlicher Gegner der neuen politischen Ordnung in der Sowjetischen Besatzungszone mit eigenen Hafteinrichtungen übernommen. Als Gericht der Militärregierung durften diese über Kriegsverbrechen, strafbare Handlungen gegen die Besatzungsmacht und gegen alle Versuche zur Wiederherstellung des NS-Regimes befinden.

Immer mehr Menschen, auch Kinder und Jugendliche, gerieten wegen absurder Verdächtigungen in die Mühlen der Militärjustiz. Ab 1948 wurde eine Vielzahl von Personen verurteilt, deren Handlungen sich vermeintlich oder tatsächlich gegen die Sowjetisierung der Gesellschaft gerichtet hatten. Zeugen berichteten von Verfahren ohne Beweise, mit erpressten Geständnissen ohne Anwalt und ohne Dolmetscher. Etliche Häftlinge wurden zu langen Freiheitsstrafen oder zum Tode verurteilt. Schon früh arbeiteten die sogenannten K 5 Kommissariate, ein spezieller Zweig der Kriminalpolizei in der SBZ und Vorläufer der späteren Staatssicherheit, dem sowjetischen Geheimdienst und den sowjetischen Militärtribunalen zu.

Stalin stimmte erst nach Gründung der DDR 1949 der Auflösung der speziellen Internierungslager zu. 10.000 Gefangene wurden freigelassen. Aber 10.500 von den Militärtribunalen zu langen Haftstrafen Verurteilte wurden zur weiteren Strafvollstreckung der DDR übergeben. Etwa 3.400 Gefangene übernahm die DDR-Justiz mit dem Auftrag, über deren Schuld zu entscheiden. Sie wurden in das Zuchthaus des kleinen sächsischen Städtchens Waldheim verlegt. Dort übernahmen aber nicht die zuständigen sächsischen Justizbehörden die Verfahren. Stattdessen organisierte ein kleiner Kreis vom Politbüro kontrollierter SED-Genossen die durchzuführenden Prozesse. Wie der Historiker Falco Werkentin[40] ausführlich beschreibt, wurden für die geplanten Prozesse Richter und Staatsanwälte unter den seit 1945 ausgebildeten Volksrichtern ausgesucht. Ausschließlich mit SED-Genossen wurde ein Sondergericht gebildet. „Im Auswahlverfahren wurden die Genossen direkt befragt, ob sie bereit wären, Urteile auszusprechen, wie die Partei sie verlangt.“[41]

In einem 1994 vor der Schwurgerichtskammer 28 des Landgerichts Berlin geführten Strafverfahren gegen den Richter der Obersten Gerichts der DDR Dr. Hans Reinwarth wegen des Vorwurfs der Rechtsbeugung in Tateinheit mit Totschlag in mittelbarer Täterschaft erklärte der Angeklagte, er hätte einen Kurs als Volksrichter absolviert. Bevor man ihn im März 1954 als Richter

40 Falco Werkentin, Politische Justiz in der DDR, Landeszentrale für politische Bildung Thüringen, Erfurt 2012

41 Falco Werkentin, Politische Justiz in der DDR, S. 17 ff.

an das Oberste Gericht versetzt habe, sei er im Frühjahr 1950 – einige Wochen vor Beginn der berüchtigten sogenannten Waldheim-Prozesse – aufgefordert worden, zu einer Besprechung in das Gebäude des Zentralkomitees der SED nach Berlin zu kommen. Dort, so berichtete er in der Hauptverhandlung „wurde er wie etwa 60 andere Juristen von einer Kommission befragt, ob er bereit sei, Häftlinge, die von der sowjetischen Besatzungsmacht noch nicht verurteilt worden seien, ihrer gerichtlichen Verurteilung zuzuführen. Dabei gab man ihm zu verstehen, dass die sowjetischen Genossen keine großen Bürokraten seien und deshalb nicht immer Akten geführt hätten. Da den Gefangenen nicht einfach ein Genickschuss verpasst werden könnte, müssten, notfalls auch ohne Akten, Schnellgerichtsverfahren durchgeführt werden“ [42] mit dem Ziel, dem Wunsch der sowjetischen Besatzungsmacht entsprechend die Häftlinge entweder zu langen Freiheitsstrafen oder zum Tode zu verurteilen. Der Angeklagte hat das damals abgelehnt, ohne deshalb Schaden zu nehmen. Die Urteilsmaschinerie in Waldheim lief bald reibungslos, schreibt Falco Werkentin.[43] Die Urteile wurden teilweise im 20- bis 30-Minutentakt gefällt. „Nach einem Bericht kurz vor Abschluss der Verfahren wurden in 54 Prozent aller Fälle Urteile zwischen 15 und 25 Jahren ausgesprochen. Von den insgesamt 34 verkündeten Todesurteilen wurden 24 im November 1950 in Waldheim vollstreckt, nachdem die Rechtsabteilung der Sowjetischen Kontrollkommission (SKK) und SED-Chef Walter Ulbricht ihre Zustimmung gegeben hatten.[44]

42 Urteil des LG Berlin vom 17.6.1994 – AZ (528) 29/2 Js 283/92 Ks (1/94)
43 Falco Werkentin, Politische Justiz in der DDR, S. 19
44 Falco Werkentin, Politische Justiz in der DDR, S. 21, 22

WIEDERGUTMACHUNG?

VERSUCHE DER AUFHEBUNG RECHTSWIDRIGER URTEILE

Das Landgericht Berlin übernahm 1990 die Aufgaben des ehemaligen Stadtgerichts Berlin und war damit zuständig für Rehabilitierungsverfahren bezüglich aller erstinstanzlichen Urteile im Bereich des ehemaligen Stadtgerichts Berlin und des ehemaligen Obersten Gerichts der DDR. So wurde das Kriminalgericht Moabit, das in Berlin seit 100 Jahren fast als Synonym für die Strafverfolgung und große Strafprozesse steht – angefangen vom als Hauptmann von Köpenick bekannt gewordenen Schuster Voigt bis zum Staatsratsvorsitzenden der DDR Erich Honecker –, in den Jahren nach der Wiedervereinigung für viele Berliner zur Anlaufstelle zur Rehabilitation für das durch das SED-Regime an ihnen begangene Unrecht. Bereits in den ersten drei Monaten gingen 1.644 Anträge ein. 1991 waren es 3.193 und 1992 insgesamt 3.706 Anträge. Bis zum 30. Juni 2007 stieg die Gesamtzahl der Anträge auf 20.282 an.[45]

Bevor die Rehabilitierungskammer erste Entscheidungen treffen konnte, praktizierte das Landgericht Berlin unmittelbar nach der Wiedervereinigung

45 Nach Auskunft der Berliner Senatsverwaltung für Justiz vom 13.9.2017

Deutschlands auf der Grundlage des Einigungsvertrages vom 31. August 1990, der Zusatzvereinbarung vom 18. September 1990 und weiter geltender Vorschriften der Strafprozessordnung der DDR und anwendbarer Vorschriften der Strafprozessordnung der Bundesrepublik den Rechtsbehelf der Kassation. Die DDR hatte diesen Rechtsbehelf aus dem sowjetischen Recht übernommen, um rechtswidrige Urteile aufzuheben, sie zu „kassieren". Hintergrund war die wenig ins Bewusstsein gelangte Grundentscheidung aus Artikel 18 des Einigungsvertrages. Danach blieben und bleiben vor dem Beitritt der DDR ergangene Entscheidungen der Gerichte der Deutschen Demokratischen Republik wirksam. Sie können auch nach Maßgabe des gemäß Art. 8 in Kraft gesetzten oder des gemäß Art. 9 weiter geltenden Rechts vollstreckt werden. Fast sibyllinisch heißt es im Einigungsvertrag: „Nach diesem Recht richtet sich auch eine Überprüfung der Vereinbarkeit von Entscheidungen und ihrer Vollstreckung

Im Kriminalgericht Moabit

mit rechtsstaatlichen Grundsätzen." Das hieß nach einer Zusatzvereinbarung vom 18. September 1990, Kassationsvorschriften der Strafprozessordnung der DDR galten mit der Maßgabe fort, dass die Kassation nur zugunsten des Verurteilten zulässig ist und durchgeführt werden kann, wenn die Entscheidung auf einer schwerwiegenden Verletzung des Gesetzes beruht oder die Entscheidung im Strafausspruch oder im Ausspruch über die sonstigen Rechtsfolgen der Tat gröblich unrichtig oder nicht mit rechtsstaatlichen Maßstäben vereinbar ist. Es galt die Wertordnung des Grundgesetzes.

Damit war es möglich, jede strafgerichtliche Entscheidung der DDR-Gerichte seit der Gründung der DDR am 7. Oktober 1949 bis zum 3. Oktober 1990 zu überprüfen. Und in der Tat lagen dem Landgericht Berlin sofort Kassationsanträge vor, die Strafurteile von den fünfziger Jahren bis zur neuesten Zeit betrafen. Zum Teil waren es Verfahren, die unmittelbar vor der Wiedervereinigung noch vom Präsidenten des Obersten Gerichts der DDR oder vom Generalstaatsanwalt der DDR von Amts wegen eingeleitet worden waren und nun vom Landgericht fortgeführt wurden. Es ging um Mord, Raub und Vergewaltigung ebenso wie um Sabotage, Spionage, Verstöße gegen Steuer-, Devisen- und Zollgesetze oder angebliche Zuwiderhandlungen gegen Art. 6 der DDR-Verfassung vom 7. Oktober 1949 und die Kontrollratsdirektive Nr. 38. In den ersten drei Monaten lagen 162 Kassationsanträge vor, 1991 waren es 414 und noch 167 im Jahre 1992. Dann lief diese Regelung aus.

Die Kassationsvorschriften unterlagen einer schwerwiegenden Einschränkung. Sie erlaubten es dem Gericht nicht, die Strafvorschriften dahingehend zu überprüfen, ob sie dem Maßstab des Bundesrechts, insbesondere des Grundgesetzes, standhielten.[46] Das verursachte für die Mitglieder der neu eingerichteten Kassationskammer beim Landgericht Berlin mehr als Unbehagen. Es bedeutete im Klartext, dass die bei einer großen Anzahl von Antragstellern durch publizierte Stellungnahmen von Politikern geweckten Erwartungen in die Überprüfung und Wiedergutmachung, soweit sie nicht von den engen Grenzen des Rehabilitierungsgesetzes erfasst wurden, herb enttäuscht wurden.

Die überwiegende Zahl der Kassationsanträge hatte keinen Erfolg. Das Kassationsrecht diente der Korrektur materieller und formeller Gesetzesverletzungen, das Kassationsgericht prüfte lediglich, ob der Schuldspruch auf einer schwerwiegenden Verletzung des zur Tatzeit geltenden DDR-Rechts beruhte. So war in einem Fall der Betroffene wegen Gefährdung der öffentlichen Ordnung und des gesellschaftlichen Zusammenlebens der Bürger durch asoziales Verhalten in Tateinheit mit mehrfachem Diebstahl zum Nachteil persönlichen Eigentums in eine psychiatrische Klinik eingewiesen worden. Die problematische Vorschrift des § 249 StGB/DDR war mit der Kassation nicht angreifbar. Allerdings war die Einweisung nicht mit rechtsstaatlichen Maßstäben vereinbar, weil die Unterbringung aufgrund der unzutreffenden Vorschrift des Einweisungsgesetzes erfolgt war. Das Landgericht hat deshalb die Unterbringung aufgehoben.

Zwangsläufig führte diese einschränkende Regelung aber schrittweise zur forensischen Belebung „to-

46 Urteil des LG Berlin vom 17. 1.1991 (506 Kass 94/90) DtZ 1991, S. 150

ten Rechts“ eines untergegangenen Unrechtssystems. Eine andere Regelung wäre überzeugender gewesen. So blieb es nur dabei, nachzuprüfen, ob die im Gericht der DDR getroffenen tatsächlichen Feststellungen den Schuldspruch nach dem anwendbaren Strafgesetz der DDR trugen und ob grundlegende Verfahrensregeln der Strafprozessordnung der DDR verletzt worden waren. Der immer wieder unternommene Versuch, die Beweiswürdigung des angegriffenen Urteils durch die eigene Beweiswürdigung des Kassationsführers zu ersetzen, hatte keine Aussicht auf Erfolg. Die Prüfung der Behauptung, es wäre alles ganz anders gewesen, war unzulässig. So wurde eine erhebliche Zahl von Kassationsanträgen als offensichtlich unbegründet verworfen. Eine Hauptverhandlung fand nur in wenigen Fällen statt. Die Entscheidungen waren unanfechtbar. Verurteilungen wegen Spionage und Geheimnisverrat waren zum Beispiel kein systembedingtes, für die DDR typisches Justizunrecht und wurde durch den Einigungsvertrag nicht geregelt. Die in Art. 18 und Art. 19 des Einigungsvertrages erkennbaren Intentionen der vertragsschließenden und gesetzgebenden Völkerrechtssubjekte gingen von der grundsätzlich fortdauernden Bestandskraft der DDR und der Gültigkeit der dabei zugrunde gelegten Rechtsnormen der DDR im vereinten Deutschland aus. So konnte die Verurteilung wegen des Verrats militärischer Geheimnisse gemäß § 272 Abs. 2 StGB/DDR durch ein Militärgericht nur in engen Grenzen überprüft werden.[47] Ob die Straftatbestände des § 272 StGB/DDR,

---

47 Beschluss des LG Berlin vom 17.1.1991 (506 Kass 99/90), NJW 1991, S. 498

des Edelmetallgesetzes, des Zollgesetzes oder des Devisengesetzes einer Überprüfung nach Bundesrecht standhielten, konnte im Kassationsverfahren nicht nachgeprüft werden.

Auch das Strafmaß führte nicht zur Kassation, wenn das DDR-Urteil nachvollziehbare Leitgedanken für die Strafzumessung enthielt. Selbst wenn die Strafe in der Bundesrepublik Deutschland voraussichtlich milder ausgefallen wäre, konnte die Strafe deshalb noch nicht als gröblich unrichtig oder mit rechtsstaatlichen Maßstäben unvereinbar bezeichnet werden. Dies war erst dann der Fall, wenn die Strafe den Rahmen überschritten hatte, innerhalb dessen eine Bestrafung als gerecht angesehen werden kann.[48] Mit „rechtsstaatlichen Maßstäben unvereinbar" ist die Rechtsfolge regelmäßig erst dann, wenn die Strafe den Rahmen überschreitet, innerhalb dessen eine Bestrafung allein als gerecht angesehen werden kann – wenn sie sich von ihrer Bestimmung, gerechter Schuldausgleich zu sein, so weit entfernt, dass ein grobes Missverhältnis von Schuld und Strafe offenkundig ist, oder wenn sie ihrer Höhe nach offensichtlich willkürlich ist. In den Blickpunkt gerieten hier vornehmlich die allzu eilfertig gehandhabten Einweisungen in psychiatrische Anstalten und pauschale Vermögenseinziehungen.

48 Beschluss des LG Berlin vom 6.12.1990 (506 Kass 108/90)

DER FALL STEFAN HEYM

VERSTOSS GEGEN DAS DEVISENGESETZ DER DDR

Manchmal eröffnete der schlampige Umgang mit den Verfahrensvorschriften die Möglichkeit, ein Urteil zu „kassieren". So etwa im Falle des Schriftstellers Stefan Heym, dem 1979 mit einem Strafbefehl ein Verstoß gegen das Devisengesetz der DDR vorgeworfen worden war, weil er mit dem Bertelsmann-Verlag in München einen Vertrag zur Veröffentlichung eines Buches abgeschlossen hatte. Das Kassationsgericht hatte in diesem Fall bereits erhebliche Bedenken, ob mit dem nur nach außen hin justizmäßig ausgestalteten Verfahren in Wirklichkeit sachfremde, politische Zwecke verfolgt werden sollten. Hinweise darauf ließen sich den Akten des Ministeriums für Staatsicherheit entnehmen, in denen sich unter anderem aus dem Jahre 1971 eine Aufforderung an die „Abteilung Zollfahndung" befand, bis auf Widerruf eine Postzollfahndung einzuleiten und alle anfallenden Sendungen inhaltlich zu dokumentieren. Aus dem gleichen Jahr existierte eine sogenannte „Einschätzung des Operativ-Vorgangs ‚Diversant'", wonach die weiteren Maßnahmen darauf zu konzentrieren seien, „den Verbindungskreis des Heym zu zersetzen, seine politische

Einflussnahme und Wirksamkeit einzuschränken".[49] Alles deutete darauf hin, dass der Schriftsteller mundtot gemacht und Veröffentlichungen seines Schaffens unterbunden werden sollten. Das ergibt sich aus der „Information über negative und feindliche Absichten von Personen aus dem kulturellen Bereich" der Hauptabteilung XX der Staatssicherheit vom 29.April 1975.[50] Das Kassationsgericht ist diesen Hinweisen nicht weiter nachgegangen, weil schon der Strafbefehl selbst nicht den Mindestanforderungen des Verfahrensrechts der DDR entsprach. Deshalb wurde der Strafbefehl „kassiert" und Stefan Heym freigesprochen.[51]

49 Beschluss des LG Berlin vom 17.1.1992 – AZ 506 Kass 5/90
50 Erich Loest, Die Stasi war mein Eckermann, S. 19, Steidl Verlag, Göttingen 1991
51 Beschluss des LG Berlin vom 17.1.1992 – AZ 506 Kass 5/90

PROZESSE WEGEN „FEINDLICHER EINSTELLUNG" UND „ROWDYTUM"

URTEILE GEGEN RIAS-HÖRER UND FUSSBALLFANS

In einem anderen Verfahren hatte das Stadtgericht von Groß-Berlin am 30. Juni 1972 einen Straßenbahnfahrer wegen Sammlung von Nachrichten zu einer Freiheitsstrafe von zwei Jahren und sechs Monaten verurteilt. Der nicht vorbestrafte Mann war Mitglied der SPD von 1950 bis 1961 und kritisch gegenüber der SED eingestellt. Er versah seinen Dienst als Straßenbahnfahrer auf der Linie 86. Im Oktober 1971 fand er im Waggon eine Aktentasche, die ein Fahrgast – ein Obermeister der Volkspolizei und Mitarbeiter der Film- und Fotostelle der zentralen Leitung der Sportvereinigung Dynamo – liegen gelassen hatte. Er entnahm der Tasche drei Schriftstücke über die Verwendung eines Fernsehgerätes mit Video-Ein- und Ausgang, die Belehrung zur Schweigepflicht und die Bereitstellung eines Videorecorders für Olympiakandidaten. Den sonstigen Inhalt leitete er als Fundsache weiter. Die drei Schriftstücke gab er in einem Brief an den RIAS Berlin unter seiner Privatanschrift zur Post. Hier wurde der Brief jedoch aufgehalten und dem Ministerium für Staatssicherheit (MfS) übermittelt.

Das MfS setzte gegen den Straßenbahnfahrer nachrichtendienstliche und operative Mittel ein. Drei Monate später wurde er verhaftet. Seine Wohnung wurde durchsucht und verschiedene Gegenstände wurden beschlagnahmt. Im schriftlichen Urteil des Stadtgerichts hieß es: „Aufgrund seiner Parteizugehörigkeit zur SPD und zur Arbeiterwohlfahrt seit 1950 hat sich der Angeklagte ausschließlich von den westlichen Hetzzentralen und seinen vielen Westberliner und westdeutschen Bekannten beeinflussen lassen. Zu diesen Personen gehörten besonders seine Parteifreunde aus der SPD und der Arbeiterwohlfahrt. Darin liegt auch in erster Linie die Entwicklung einer feindlichen Einstellung zu den sozialistischen Verhältnissen in der DDR und den mit ihr verbundenen Bruderländern, ganz besonders aber galt sein Hass der Sowjetunion. Der Einfluss der politisch-ideologischen Diversion der westlichen Medien war so stark, dass der Angeklagte es für erforderlich hielt, die Klassengegner, insbesondere in Gestalt des Hetzsenders, aktiv zu unterstützen. Nach dem Gutachten handelt es sich bei den übersandten Unterlagen um solche, die geeignet sind, die sozialistische Sportbewegung der DDR im Rahmen der politisch-ideologischen Diversion zu diskriminieren.“[52]

Das Kassationsgericht hat das Urteil aufgehoben und den Betroffenen freigesprochen.[53] Das Urteil des Stadtgerichts entbehrte jeder Rechtsgrundlage, es war lediglich nach außen hin justizförmig ausgestaltet. In Wahrheit handelte es sich um die willkürliche Verfol-

52 Beschluss des LG Berlin vom 1.7.1991 (506 Kass 61/91), Neue Justiz 1991, S. 516

53 Beschluss des LG Berlin vom 1.7.1991 (506 Kass 61/91), ebd.

gung eines politisch Andersdenkenden. Der belanglose Inhalt der drei Schriftstücke war bewusst nicht wiedergegeben worden. Damit war klargestellt, dass der Tatbestand der Sammlung von geheim zu haltenden Nachrichten nach § 98 StGB/DDR nicht vorgelegen hat. In Wahrheit ging es nur darum, dass der SV Dynamo, ein dem MfS zuzurechnender Sportverein, einen Fernsehapparat und ein Videogerät zur Verfügung hatte.

Ebenso hat das Landgericht Berlin ein Urteil des Stadtbezirksgerichts Berlin-Mitte wegen fehlerhafter Anwendung des § 215 StGB/DDR (Rowdytum) kassiert.[54] Das Stadtbezirksgericht hatte Anhänger des Fußballclubs Union Berlin zu Freiheitsstrafen verurteilt, weil sie am 1. Juni 1979 auf dem Alexanderplatz Gesänge und Sprechchöre für ihren Club, für Hertha BSC und gegen den BFC Dynamo angestimmt hatten. An keiner Stelle gab es irgendwelche Feststellungen, dass die Verurteilten aus Missachtung der öffentlichen Ordnung oder der Regeln des sozialistischen Gemeinschaftslebens gehandelt hätten. Das Stadtbezirksgericht wertete die Gesänge und Sprechchöre als Beleidigung und Diskriminierung des Fußballclubs BFC Dynamo, seiner Spieler und der Volkspolizei, als Verherrlichung eines westdeutschen Fußballclubs und als Verunglimpfung der engen Beziehungen zwischen der DDR und der UdSSR. Die Gesänge passten nicht in das Bild des gerade auf den Straßen und Plätzen stattfindenden FDJ-Festivals, das viele Besucher anzog.

---

54 Beschluss des LG Berlin vom 28.2.1991 (506 Kass 64/91)

NACH OST-BERLIN VERSCHLEPPT UND VERURTEILT

DER FALL FRICKE / RITTWAGEN

Ein bewusster Missbrauch des Artikels 6 Abs. 2 der Verfassung der DDR vom 7. Oktober 1949 zur Verfolgung politisch Andersdenkender wurde durch das Urteil des Obersten Gerichts der DDR aus dem Jahr 1956 im Fall Fricke belegt. Der Münchner Herausgeber des „Aktuellen Reportage-Pressedienstes" hatte den Journalisten Karl Wilhelm Fricke als Mitarbeiter gewonnen. Karl Wilhelm Fricke legte im Rahmen seiner Tätigkeit ein „Archiv aus Veröffentlichungen der Deutschen Demokratischen Republik und aus Westzeitschriften" an und verwertete die hieraus gewonnenen Erkenntnisse publizistisch. Seit 1953 war er im Westteil Berlins als freier Journalist tätig, schrieb Artikel für verschiedene Zeitungen, wie den Rheinischen Merkur, den Tagesspiegel oder das S.B.Z.-Archiv. Zudem arbeitete er für den Nordwestdeutschen Rundfunk (NWDR) und den Sender Freies Berlin (SFB). Er verfasste Gutachten und Broschüren für das Ministerium für Gesamtdeutsche Fragen und galt als „Ostexperte", der sich mit den politischen Zuständen in der DDR kritisch auseinandersetzte und seine negative Einstellung zur DDR zum Ausdruck brachte.

Am 1. April 1955 entführte die Staatsicherheit ihn aus West- nach Ost-Berlin. Dort verurteilte ihn das Oberste Gericht der DDR nach langer Inhaftierung am 11. Juli 1956 wegen „Kriegshetze“ zu vier Jahren Zuchthaus. In der Begründung hieß es: „Der Angeklagte hat in zahlreichen Artikeln die Deutsche Demokratische Republik, den ersten Arbeiter- und Bauernstaat auf deutschem Boden, in gemeiner Art und Weise angegriffen und verleumdet. Er hat damit gezeigt, dass er von tiefem Hass gegen diesen Staat erfüllt war.“[55] Das Landgericht Berlin hat diese Entscheidung am 3. Juni 1991 kassiert, den Journalisten freigesprochen und seine Entschädigung angeordnet.[56]

1997 war dann die Entführung von Karl Wilhelm Fricke Gegenstand eines Strafverfahrens vor dem Landgericht Berlin gegen die Rentnerin Anne-Maria Rittwagen, in dem die Details der Entführung aufgedeckt werden konnten. Der 1993 verstorbene Ehemann der Angeklagten, Kurt Alexander Rittwagen, arbeitete seit 1952 unter dem Tarnnamen „Maurer“ als Geheimer Mitarbeiter (GM) des MfS in West-Berlin. Am 13. September 1952 erklärte sich die Angeklagte gegenüber dem MfS bereit, als Verbindungsperson zwischen ihrem Ehemann und der Bezirksverwaltung Potsdam des MfS zu fungieren. In der von ihr unterschriebenen Erklärung verpflichtete sie sich, als GM „ihre ganze Kraft für den Neuaufbau unserer demokratischen Ordnung einzusetzen und alle vorkommenden Fälle anti-demokratischer Äußerungen und feindlicher Handlungen den mit dem Schutz der DDR

55 LG Berlin 506 Kass 137/90, dokumentiert in: Neue Justiz 1991, S. 496
56 LG Berlin 506 Kass 137/90, ebd.

beauftragten staatlichen Organen zu berichten." Die Verpflichtung endet mit dem Satz: „Meine Berichte werde ich mit dem Namen ‚Peter' zeichnen."[57]

Anne-Maria Rittwagen zog zu ihrem Mann nach West-Berlin und fertigte fortan umfangreiche mündliche und schriftliche Berichte an ihren Führungsoffizier Buchholz. Ihr Ehemann, Kurt Alexander Rittwagen, lebte unter der Legende, als politischer Flüchtling die DDR verlassen zu haben, und suchte vor allem den Kontakt zu antikommunistischen DDR-Flüchtlingen sowie westlichen Geheimdiensten. Er verschaffte sich Zugang zum „Befreiungskomitee für die Opfer totalitärer Willkür", das eine Außenstelle im Westteil Berlins unterhielt, und erwarb sich das Vertrauen eines Mitarbeiters, der unter dem Decknamen „Max Springer" für die Organisation Gehlen, einen Vorläufer des Bundesnachrichtendienstes, arbeitete. Rittwagen erledigte kleine nachrichtendienstliche Botengänge in die DDR und gab sich fortan selbst als Agent der Organisation Gehlen aus. Neben ihren nachrichtendienstlichen Aufgaben für das MfS hatte das Ehepaar Rittwagen die Aufgabe, Möglichkeiten zur Verschleppung missliebiger Personen aus West-Berlin in die DDR aufzuzeigen. In einem Bericht vom 7. Dezember 1953 über ein Treffen mit GM Peter schrieb der Führungsoffizier Buchholz, Peter habe den Vorschlag gemacht, „den aus Calbe geflüchteten Ingenieur Rüter alias Heller in der S-Bahn uns zuzuführen".[58]

Karl Wilhelm Fricke, der Kontakte zur damaligen „Kampfgruppe gegen Unmenschlichkeit" und zum „Untersuchungsausschuss freiheitlicher Juristen" hat-

57 Urteil des LG Berlin vom 29.9.1997 – AZ (534) 29/2 Js 69/93 Kls (5/95)
58 Urteil des LG Berlin vom 29.9.1997, ebd.

te und auch mit dem oben genannten „Befreiungskomitee für die Opfer totalitärer Willkür“ in Verbindung stand, lernte dort in den Sommermonaten 1954 den Ehemann der Angeklagten unter dem Namen „Maurer“ kennen. Er erhoffte sich von diesem Presseerzeugnisse und Literatur aus der DDR, da er selbst den Ostteil Berlins nicht mehr betrat. Während Kurt Alexander Rittwagen den Namen und die Adresse Frickes kannte, wusste Fricke von Rittwagen nur den Namen Maurer und kannte auch dessen Frau nur unter diesem Namen. Mit einer vom Leiter der Hauptabteilung V des MfS Oberst Bruno Beater unterzeichneten Dienstanweisung Nr. 54/54 vom 16. November 1954 beschloss die Hauptabteilung, unter dem Decknamen „Blitz“ einen „konzentrierten Schlag“ gegen die Spionagezentralen in Westberlin zu führen und „rücksichtslos die verbrecherische Rolle der amerikanischen Spionage-Zentralen in Deutschland vor der ganzen Welt zu entlarven.“ Die Operation sah die „Überführung von einer Reihe offizieller Mitarbeiter und Residenten“ der Ost-Büros von CDU und FDP, der „Kampfgruppe gegen Unmenschlichkeit“ und des „Untersuchungsausschusses freiheitlicher Juristen“ vor, um sie zu anzuwerben, die freiwillige Rückkehr mit eigenem Geständnis zu inszenieren oder sie zu verhaften. Außerdem war die Entführung von Karl Wilhelm Fricke geplant.

Die Entführung sollte mit Hilfe der Eheleute Rittwagen durchgeführt werden. Im Plan heißt es: „Fricke wird in eine konspirative Wohnung in Westberlin geführt, deren Inhaber in die Operation nicht eingeweiht wird und sich in dieser Zeit auf Urlaub in der DDR befindet. Fricke erhält im Getränk ein Schlafmittel. Die GMs ‚Fritz' und ‚Peter' werden nach Erledigung dieser Phase in ihre richtige Wohnung fahren, während Fricke von einer Gruppe in den demokratischen Sektor gebracht wird. Gleichzeitig operiert eine Gruppe von GMs in der Wohnung des Fricke mit dem Auftrag, die dort vorhandenen Unterlagen nach hier zu bringen."[59] Wie geplant, wurde Karl Wilhelm Fricke am 1. April 1955 verschleppt.

Nach den Feststellungen der Strafkammer 34 des Landgerichts Berlin im Urteil vom 29. September 1997[60] lockte Kurt Alexander Rittwagen den Journalisten Karl Wilhelm Fricke unter dem Vorwand in „seine" Wohnung, um ihm dort das von ihm gewünschte Buch zu übergeben. Eindrucksvoll schilderte Fricke in der Hauptverhandlung den Vorgang seiner Entführung: „Rittwagen (Maurer) habe ihn am Vormittag telefonisch informiert, er habe ihm das begehrte Buch ‚Politische Ökonomie' beschafft, er könne es aber ihm nicht vorbeibringen, sondern er wolle sich mit ihm zwecks Übergabe des Buches beim Postamt W 30 in der Geisbergstraße treffen. Zu diesem Treffen um 15.00 Uhr habe er das Buch nicht mitgebracht, sondern ihn in seine angebliche Wohnung, eine Erdgeschosswohnung in einem Altbau im Bayerischen Viertel eingeladen, dort könne er auch seine Frau kennenlernen. Er habe diesen Vorschlag völlig arglos aufgegriffen. Rittwagen habe ihm seine Frau unter dem Namen ‚Maurer' vorgestellt. Die Eheleute hätten ihn dann in ein gutbürgerliches Wohnzimmer gebeten, in dem er auf einem Sessel Platz genommen habe. Die Eheleute hätten sich dazugesetzt und bei

59 Urteil des LG Berlin vom 29.9.1997, ebd.
60 AZ (534) 29/2 Js 69/93 Kls (5/95)

einer zwanglosen Unterhaltung seien ihm Zigaretten und Weinbrand angeboten worden. Alle drei hätten jeweils zwei kleine Gläschen Weinbrand getrunken, wobei ihm nichts aufgefallen sei. Als man über das Buch gesprochen habe, sei Rittwagen aufgestanden und hätte sich mit dem Rücken zu seinem Sessel vor einen Schreibtisch gestellt, er sei ebenfalls aufgestanden und hätte sich neben Rittwagen gestellt und sich das Buch angeschaut. So hätten sie beide dem Tisch mit den abgestellten Gläsern und der Frau Rittwagen den Rücken zugewandt. Als er sich wieder gesetzt hätte, waren die Gläschen zum dritten Mal eingeschenkt. Beim Trinken sei ihm ein leichter Beigeschmack aufgefallen, dem er jedoch keine Bedeutung beigemessen habe. Aber wenige Minuten danach sei ihm übel geworden, kalter Schweiß sei ausgebrochen und er habe Benommenheit gefühlt. Er sei auf die Toilette gegangen und habe sich das Gesicht mit kaltem Wasser gewaschen, sei zurück ins Wohnzimmer gegangen und habe die Eheleute gebeten, ihm ein Taxi zu rufen, was diese zugesagt hätten. Er habe sich dann noch einmal in den Sessel gesetzt und habe dann offensichtlich das Bewusstsein verloren.“[61]

Die Kammer ist den Ausführungen des Zeugen Fricke gefolgt und hat aufgrund der gesamten Beweisaufnahme die Überzeugung gewonnen, dass die Angeklagte Rittwagen den unbeobachteten Zeitraum genutzt und in das vom Zeugen Fricke benutzte Glas ein mehrere Stunden wirkendes Betäubungsmittel in der Absicht gemischt hat, dass er in diesem wehrlosen Zustand nach Ost-Berlin verschleppt werden konnte. In diesem Zustand der Bewusstlosigkeit ist Fricke auf

61 Urteil des LG Berlin vom 29.9.1997, ebd.

unbekannte Art und Weise über die Sektorengrenze nach Berlin (Ost) in die Untersuchungshaftanstalt Hohenschönhausen verbracht worden. Dort wurde er festgehalten und gegen ihn ein Haftbefehl wegen angeblicher Agententätigkeit, Boykott- und Kriegshetze erlassen. Eineinviertel Jahre später wurde er dann vom Obersten Gericht der DDR zu vier Jahren Zuchthaus verurteilt. Die Strafe wurde zunächst im Zuchthaus Brandenburg-Görden und dann in der Sonderhaftanstalt Bautzen II vollstreckt, bis Fricke am 31. August 1959 nach West-Berlin entlassen wurde.

Die Angeklagte Rittwagen hat im Prozess die Täterschaft bestritten und behauptet, sie hätte nichts damit zu tun, sie hätte den Zeugen Fricke nie gesehen. Diese Behauptung hat die Kammer durch die Beweisaufnahme als widerlegt angesehen. Der Zeuge Fricke hatte die Angeklagte, die ihm damals als „Maurer“ vorgestellt wurde, eindeutig identifiziert und den Tathergang eindeutig beschrieben und nachvollziehbar und plausibel begründet, dass es ausschließlich die Angeklagte gewesen sein konnte, die ihm das Betäubungsmittel in das Glas gemischt hat. Die Einlassung der Angeklagten wurde auch durch die Treffberichte und die Unterlagen zur Operation „Blitz“ widerlegt. Und schließlich sprach gegen sie, dass MfS-Oberst Jamin sie am 22. April 1955 nach ihrer Rückkehr in die DDR „für die Verleihung des Ehrenzeichens der deutschen Volkspolizei“ vorgeschlagen hatte. In der Begründung dazu hieß es: „Die Anna-Maria Rittwagen arbeite seit Juli 1952 für unser Organ. Sie setzte sich im Dezember 1952 in unserem Auftrag nach Westberlin ab und war der Verbindungsmann zwischen ihrem Ehegatten Kurt Rittwagen und den Organen unserer Sicherheit. Sie war während dieser Zeit diszipliniert und setzte sich mit ihrer ganzen Person für die Sache der Arbeiterklasse ein. Mit ihrer Hilfe gelang es im Laufe der vergangenen Zeit 30 gemeingefährliche Agenten zu liquidieren."[62]

In die Arbeitsakte der Angeklagten hat das MfS die zeitgenössische Berichterstattung über die Entführung von Karl Wilhelm Fricke einschließlich eines Zeitungsartikels der Berliner IBZ vom 14. Mai 1955 mit dem Bild der Angeklagten und ihres Ehemannes aufgenommen. Das Landgericht hat die 72 Jahre alte und bisher nicht vorbestrafte Angeklagte Anna-Maria Rittwagen wegen gemeinschaftlicher Freiheitsberaubung zu einer Freiheitsstrafe von sieben Monaten verurteilt und die Vollstreckung der Strafe zur Bewährung ausgesetzt.[63]

62 Urteil des LG Berlin vom 29.9.1997, ebd.
63 Urteil des LG Berlin vom 29.9.1997, ebd.

DIE ÜBERPRÜFUNG ALTER URTEILE

REHABILITIERUNG NACH DEM GESETZ DER DDR-VOLKSKAMMER

Mit dem Rehabilitierungsgesetz der Volkskammer der DDR zur Rehabilitierung der Opfer der SED-gesteuerten Justiz sollten die Betroffenen von einem „Makel“ befreit werden. Angestrebt war eine „politisch-moralische Genugtuung für den Betroffenen“; es ging um eine Ehrenerklärung des Inhalts, dass sich der Einzelne nicht von den Regeln der Gemeinschaft entfernt hat. Vielmehr habe die Gemeinschaft das Verhalten des Einzelnen fälschlich als Abweichen von den Regeln interpretiert und kriminalisiert. Bei diesen Regeln handelte es sich um die verfassungsmäßigen politischen Grundrechte, das heißt im Wesentlichen um die Grundrechte auf Meinungs-, Versammlungs-, Vereinigungs- und Glaubensfreiheit, wie sie dem Wortlaut nach auch in den Verfassungen der DDR von 1949 und 1968 garantiert waren. Ein Verhalten, welches im Einklang mit diesen Regeln stand, sollte nicht mehr mit Strafe bedroht sein. Deshalb hatte bereits die Volkskammer der DDR mit dem 6. Strafrechtsänderungsgesetz (StÄG) zum 1. Juli 1990[64] das „po-

64 GBl. der DDR I Nr. 39, S. 526 ff.

litische Strafrecht" bereinigt. Verurteilungen wegen eines solchen Verhaltens in der Vergangenheit sollten beseitigt und in ihren Wirkungen aufgehoben werden. Ausgehend von diesem Verständnis von Rehabilitierung wurde der „allgemeine" Rehabilitierungstatbestand wie folgt beschrieben: „Personen, die wegen einer Handlung strafrechtlich verurteilt wurden, mit der sie verfassungsmäßige[65] politische Grundrechte wahrgenommen haben, werden rehabilitiert."[66] Das bedeutete, dass die alten DDR-Urteile nach dem 3. Oktober 1990 nur auf die Fälle hin überprüft wurden, in denen das Wahrnehmen von Grundrechten als tatbestandliches Handeln gewertet wurde.

Das Bild war vielfältig: Die Teilnahme an einem Treffen von Ausreisewilligen, die Aufforderung zum Hören des Londoner Rundfunks, das Verteilen von Flugblättern gegen den Einmarsch in die CSSR, die Äußerung des Ausreisewunsches in den Räumen der Ständigen Vertretung der Bundesrepublik in Ost-Berlin, das Schreiben an den amerikanischen Präsidenten mit einem Hinweis auf die Diskriminierung der Juden in der DDR, das Fahren mit einem weißen Fähnchen an der Autoantenne als Zeichen des Übersiedlungswillens und anderes mehr sind Wahrnehmungen von politischen Grundrechten. Die Betroffenen waren danach zu rehabilitieren. Da aber die Verfassung der DDR von 1968 ein Grundrecht auf Ausreisefreiheit nicht kannte, wurde zur Rehabilitierung der „Republikflüchtlinge" ein gesonderter, „spezieller" Rehabilitierungstatbestand geschaffen. So sollten auch Personen rehabilitiert werden, „die die DDR entgegen

65 Maßstab war also die Verfassung der DDR.
66 GBl. der DDR I Nr.60, S.1459

den gesetzlichen Bestimmungen verlassen haben oder verlassen wollten, wenn sie deshalb verurteilt wurden.

Auch hierfür fanden sich in den Urteilen die verschiedensten Fallgestaltungen überwiegend gescheiterter Fluchtversuche, etwa durch die Berliner Kanalisation, über die Ostsee, über die Tschechoslowakei und Ungarn in der Hoffnung auf weniger gesicherte Grenzen oder unter Zuhilfenahme von Freunden oder kommerziellen Fluchthelfern aus dem Westen. Eine Rehabilitierung sollte jedoch „ausgeschlossen" sein, „wenn die in Betracht zu ziehende Handlung auch nach dem Inkrafttreten des 6. StÄG strafbar ist".[67] Dies bereitete in den Fällen, in denen die Wahrnehmung von Grundrechten bzw. von Fluchtversuchen mit weiterhin strafbarer Bagatellkriminalität zusammentrafen, schwer überwindbare Hindernisse. Hier war der Gesetzgeber gefordert, eine flexiblere Lösung zu ermöglichen. Lagen die Voraussetzungen für die Rehabilitierung vor, hat das Landgericht Berlin die gegen den Betroffenen ergangenen Urteile aufgehoben und die Betroffenen rehabilitiert. Damit war aber nur das Verfahren der politisch-moralischen Genugtuung des Betroffenen abgeschlossen. Das gerichtliche Verfahren war beendet. Die unmittelbar aus der Rehabilitierung folgenden, durch die gerichtliche Entscheidung begründeten Ansprüche auf Beendigung der Strafvollstreckung, Tilgung der Registereintragung, Rückerstattung eingezogener Vermögensgegenstände, Anrechnung von Haftzeiten auf die Rentenversicherung und Zahlung von „sozialen Ausgleichsleistungen" wurden von verschiedenen Behörden erfüllt.

67 GBl. der DDR I Nr. 39, S. 526 ff.

Damit dies möglich wurde, musste der Gesetzgeber dringend nachbessern. Es bestand zudem der dringende Bedarf nach einer Erhöhung der für die erlittene Freiheitsentziehung zu leistenden Zahlungen, damit dem Auftrag aus Artikel 17 des Einigungsvertrages nach einer „angemessenen Entschädigungsregelung" Genüge getan wurde. Auch eine bislang nur „vorbehaltene" Regelung der Rückerstattung bezahlter Geldstrafen, Verfahrensauslagen und Haftkosten musste geschaffen werden.

Seine ersten Eindrücke aus der Anfangszeit beim Landgericht Berlin beschrieb der damalige Vorsitzende der Rehabilitierungskammer Wolfgang Pfister für einen Beitrag im Mitteilungsblatt des Deutschen Richterbundes, Landesverband Berlin: „Die häufig ohne anwaltliche Hilfe gestellten Anträge der Betroffenen enthalten oft ausführliche und zu Herzen gehende Schilderungen menschlichen Leidens; oft sind gerade die Anträge besonders bedrückend, bei denen nach derzeitiger Rechtslage eine Rehabilitierung nicht Betracht kommt. Bislang konnten in fast allen Fällen die Strafakten oder doch zumindest eine Urteilsurkunde ermittelt werden. Die Urteile der 50er und 60er Jahre zeichnen sich oft durch einen eifernden Stil aus, der die Errungenschaften des Sozialismus und die Notwendigkeit entschlossenen Abwehrkampfs gegen dessen Feinde preist und die Angeklagten regelrecht verunglimpft. Seither scheint der Ton nüchterner geworden zu sein. Umso mehr macht die Routine betroffen, mit der für Harmlosigkeiten härteste Strafen verhängt worden sind." [68]

68 Mitteilungsblatt des Deutschen Richterbundes, Landesverband Berlin, Heft 3/1991, S. 10-12

Die Probleme der Praxis wurden von Wolfgang Pfister und mir auf dem Ersten Forum des Bundesministers der Justiz am 9. Juli 1991 in Bonn vorgetragen.[69] Als einziges Arbeitsmittel stand den Gerichten zu Beginn nicht mehr als der Gesetzestext zur Verfügung. Im Verlauf der Zeit gelang es, die Materialien zur Gesetzgebung aus dem ehemaligen Ministerium der Justiz zusammenzutragen. Dies half ebenso wie Gespräche mit Personen, die an der Übernahme des Gesetzes in Bundesrecht beteiligt waren. Arbeitstreffen mit den Kollegen von den Bezirksgerichten – fast ausschließlich abgeordnete Richter aus den alten Bundesländern – zeigten, dass man in mancher Hinsicht auf getrenntem Weg doch zu gleichen Ergebnissen bei der Beurteilung von Rechtsfragen gekommen war.

69 40 Jahre SED-Unrecht – Eine Herausforderung für den Rechtsstaat, Sonderheft 2 der Zeitschrift für Gesetzgebung, S. 54 und 64, Verlag C.H. Beck, München 1990

DAS REHABILITIERUNGS-GESETZ DER BUNDESREPUBLIK DEUTSCHLAND

Am 4. November 1992 trat nach langen Beratungen das Rehabilitierungsgesetz der Bundesrepublik Deutschland (StrRehaG) vom 29. Oktober 1992 in Kraft. Es fasste die getrennten Überprüfungsverfahren der Kassation und Rehabilitierung zusammen und sah vor, dass anhängige Verfahren nach den Vorschriften des neuen Gesetzes fortzuführen sind.[70] Es ermöglichte seither die Aufhebung aller rechtsstaatswidriger Entscheidungen von Gerichten oder Organen der DDR und der zuvor von deutschen Gerichten und Behörden in der Sowjetischen Besatzungszone über Freiheitsentziehung und damit die Rehabilitierung durch Gerichtsbeschluss. Auch die politischen Terrorurteile der sogenannten Waldheimer Prozesse aus dem Jahr 1950 konnten nun aufgehoben werden.

Die Sowjetisierung der Justiz hatte bereits Ende 1945 mit dem Befehl 160 vom 3. Dezember 1945 der Sowjetischen Militäradministration (SMAD) über die „Verantwortung für Sabotage und Überfälle“ begon-

70 § 26 Abs.1 StrRehag, Beschluss des KG vom 30.11.1992 – 4 Ws 27/92 Reha

nen. Dazu gab es die Wirtschaftsstrafverordnung vom 23. September 1948, die dazu diente, mit dem Vorwurf krimineller Wirtschaftssabotage gesellschaftspolitische Ziele durchzusetzen. Derartige Prozesse wurden zum Teil durch sogenannte Volksrichter geführt. Die DDR hatte ab 1946 Frauen und Männer, die überwiegend aus der Arbeiterschaft kamen, zunächst in Sechsmonatskursen, später in Zweijahreslehrgängen zu Richtern ausgebildet. Einige von ihnen brachten es bis zum Einsatz am Obersten Gericht der DDR. Zur Verfolgung von Wirtschaftsverbrechen gab es die Zentrale Kontrollkommission (ZKK).

Von Juni 1948 bis Mitte 1953 wurde eine Vielzahl von Wirtschaftsverfahren angestrengt mit dem Ziel, private Gewerbe, private Handels- und mittelständische Industrieunternehmen zu enteignen, um die sozialistische Gesellschaftsordnung durchzusetzen. In diesem Zusammenhang ist auch die „Aktion Rose“ von Februar/März 1953 zu nennen. Als Teil des „verschärften Klassenkampfes“ war sie eine generalstabsmäßig geplante Aktion gegen eine breite Schicht des Mittelstands an der Ostseeküste, deren verwaltungsmäßige Durchführung nur justizförmig verkleidet wurde. Eine Vielzahl von Hotels, Pensionen, Wirtschaftsbetrieben, Gaststätten, Wohnhäusern, Grundstücken und Kraftfahrzeugen aller Art wurde beschlagnahmt. Die Inhaber der Hotels und Pensionen wurden zu Gefängnis- und Zuchthausstrafen verurteilt. Ihr Vermögen wurde eingezogen. Alle diese Strafverfahren sind nach der Wiedervereinigung 1991 vom Bezirksgericht Schwerin kassiert worden.[71]

71 Beschluss des Bezirksgerichts Schwerin vom 27.6.1991, dokumentiert in Neue Justiz 1991, S. 419, siehe auch Falco Werkentin, a.a.O., S. 42

Die Prozessakten dieser Zeit belegen, dass viele Strafgesetze aus dem wirtschaftlichen Bereich vorwiegend zum Schutz und zur Aufrechterhaltung des Systems und der Unterdrückung der Menschen eingesetzt wurden. Die Wirtschaftsstrafverordnung sollte in erster Linie die Wirtschaftsplanung begünstigen. Erst an zweiter Stelle stand die Aufgabe, die Versorgung der Bevölkerung zu sichern. Sie drohte hohe Gefängnis- und Zuchthausstrafen an und ließ die Einziehung von Vermögen zu. Schon 1960 stellte das Bundesverfassungsgericht fest, dass die Wirtschaftsstrafverordnung das seinerzeit meist angewandte Strafgesetz der DDR sei und als Instrument diente, das kommunistische Wirtschaftssystem durchzusetzen und Eigentum aus politischen Gründen zu konfiszieren, um „Staatsfeinde“ zu eliminieren.[72] Gleichwohl war zum Beispiel der Rehabilitierungsantrag einer Ost-Berlinerin, die bei Schmuggelfahrten in großem Umfang Eier und Speck nach Berlin (West) gebracht hatte und dabei zweimal in die Kontrolle geraten war, schwer zu entscheiden. Das Verfahren gegen sie wurde nur deshalb als rechtsstaatswidrig eingestuft, weil es willkürlich aufgebauscht worden war, um die Betroffene durch Haft zu einem umfangreicheren Geständnis zu zwingen.[73]

Auch die Spekulationsordnung vom 27. November 1952 diente dazu, das kommunistische Wirtschaftssystem durchzusetzen und zu stützen. Als Sündenbock für die entstehenden Versorgungsengpässe erfand man die angeblich von West-Berlin geleiteten „Spekulanten und Schieber“. In dem Bestreben der DDR-Behörden, private Fuhrunternehmer in Wittstock und

72 Bundesverfassungsgericht, NJW 1960, S. 1611, 1613
73 Beschluss des KG vom 24.9.1993 – 5 Ws 188/93 Reha

Umgebung wirtschaftlich auszuschalten, wurden diese verhaftet und enteignet.[74]

Steuerverkürzung ist selbstverständlich auch in Rechtsstaaten strafbar. In der DDR diente das Einkommensteuerrecht jedoch in erster Linie als Instrument zur Umgestaltung der gesellschaftlichen Struktur im kommunistischen Sinne. Freie Unternehmer wurden deshalb einem Sonderrecht unterstellt, das ihnen härtere Lasten auferlegte als anderen Bürgern der DDR, insbesondere als den volkseigenen Betrieben der volkseigenen Wirtschaft und den Produktionsgenossenschaften.[75]

So wurde auch ein Arzt und prominenter Kunstsammler Opfer politischer Verfolgung.[76] Er wurde 1976 widerrechtlich als Händler eingestuft und dann unter der Beschuldigung der Hinterziehung von Umsatz-, Vermögens-, Einkommens- und Gewerbesteuer inhaftiert und verurteilt. Seine Sammlung wurde anschließend zur Deckung der Steuerschuld eingezogen. Umfangreiche Ermittlungen des Kammergerichts im Rehabilitierungsverfahren belegen, dass die Verfolgung von Kunst- und Antiquitätensammlern wegen Steuerhinterziehung in der Regel der politischen Verfolgung diente. Hintergrund war, dass der Vorsitzende des Ministerrates der DDR Willi Stoph mit Verfügung Nr.4/73 vom 18. Januar 1973 auf der Grundlage des Beschlusses des Präsidiums des Ministerrates der DDR zur Zahlungsbilanz angeordnet hatte, aus dem staatlichen Fundus Antiquitäten und Museumsbestän-

---

74 Beschluss des KG vom 8. 11.1995 – 5 Ws 61/95 Reha

75 So schon das Bundesverfassungsgericht im Jahre 1961 – BVerfGE 12, S. 99 ff.

76 Beschluss des KG vom 2.2.1998 – 5 Ws 232/96 Reha, mit detaillierter Beschreibung

de für den Export in das nichtsozialistische Ausland in Höhe von 55 Millionen Valutamark bereitzustellen und dem Bereich Kommerzielle Koordination (KoKo) des Ministeriums für Außen- und Innerdeutschen Handel zu übergeben. Damit sollten die von der Staatsführung dringend benötigten Devisen beschafft werden. So wurde am 20. Februar 1973 die zum Komplex „KoKo“ gehörende Kunst und Antiquitäten GmbH (KuA GmbH) als volkseigener Außenhandelsbetrieb gegründet. Sie trug fortan die volle Verantwortung für die „Exportaufgabe Antiquitäten“ des Bilanzbereichs des Ministeriums für Kultur.

Zur Bereitstellung von Antiquitäten reichten jedoch die Sammlungen der staatlichen Museen der DDR nicht aus. Vielmehr mussten in der gesamten DDR flächendeckend Kunstgegenstände und Antiquitäten von Privaten aufgekauft werden. Das führte bald zu einer Verknappung und zu einem sprunghaften Anstieg der Preise für derartige Güter. Der Wert privater Kunstsammlungen überstieg daher unbemerkt die vermögenssteuerliche Freigrenze von 50.000 Mark. Dieser steuerliche Gesichtspunkt geriet in das Blickfeld des MfS und ermöglichte die Einordnung der Sammler als „Händler“, die damit als Betreiber eines „Gewerbes“ einer mehrfachen Steuerpflicht unterworfen waren. Auf die Sammler wurden IMs angesetzt. Durch Vernehmungen gewann das MfS Hinweise auf andere Sammler. Die operativen Akten des MfS belegen, wie gezielt ermittelt und dann mit Hilfe eines konstruierten Strafverfahrens das gesamte Sammlervermögen eingezogen und der Kunst und Antiquitäten GmbH zugeführt wurde, um mit dem Verkauf Devisen zu beschaffen.

„LANDESVERRÄTERISCHE NACHRICHTENÜBERMITTLUNG“ UND „STAATSFEINDLICHE HETZE“

DIE REGELTATBESTÄNDE

Das Strafrechtliche Rehabilitierungsgesetz erleichterte das Verfahren ungemein. Es enthält eine Liste von Tatbeständen, die die – allerdings widerlegliche[77] – gesetzliche Vermutung begründen, dass eine Verurteilung der politischen Verfolgung gedient hat. In der Regel führten daher Verurteilungen wegen landesverräterischer Nachrichtenübermittlung, staatsfeindlichen Menschenhandels, staatsfeindlicher Hetze, ungesetzlicher Verbindungsaufnahme zur Aufhebung und Rehabilitierung. Als ungesetzliche Verbindungsaufnahme galt schon das Schreiben eines Hörerbriefes an den Rundfunksender RIAS in West-Berlin oder das Aufsuchen der Ständigen Vertretung der Bundesrepublik Deutschland in der Hannoverschen Straße in Ost-Berlin. Aufgehoben wurden auch die Verurteilungen wegen ungesetzlichen Grenzübertritts, Boykotthetze, Wehrdienstentziehung und Wehrdienstverweigerung sowie wegen inhaltlich vergleichbarer Delikte, ferner wegen Hochverrats, Spionage, Anwerbenlassen zum Zwecke der Spiona-

77 Beschluss des KG vom 20.5.1996 – 3Ws 186/96 Reha

ge, landesverräterischer Agententätigkeit, Staatsverbrechen, die gegen einen verbündeten Staat gerichtet waren. Das Gleiche galt für das Unterlassen der Anzeige dieser Straftaten sowie Geheimnisverrat oder inhaltlich vergleichbare Straftaten, wenn die Tat für die Bundesrepublik Deutschland, einen mit ihr verbündeten Staat oder für eine Organisation begangen worden sein sollte, die den Grundsätzen einer freiheitlichen rechtsstaatlichen Rechtsordnung verpflichtet war. Ebenso wurden Urteile aufgehoben, wenn die angeordneten Rechtsfolgen im groben Missverhältnis zu der zu Grunde liegenden Tat standen.[78]

Wichtigstes Mittel der Aufklärung waren und sind die Auskünfte über Haftzeiten aus dem Bundesarchiv, den Geschäftsstellen der Gerichte und der Staatsanwaltschaften über noch vorhandene Akten oder Urteilsabschriften. Und ganz besonders die Akten des/der Bundesbeauftragten für die Unterlagen des Staatssicherheitsdienstes der ehemaligen DDR, wenn die Ermittlungen von Untersuchungsorganen des ehemaligen MfS geführt worden waren. Die Behörde des Bundesbeauftragten für die Unterlagen des Staatssicherheitsdienstes ist auch zuständig, wenn „operative Personenkontrollvorgänge" außerhalb der strafrechtlichen Ermittlungsverfahren von Bedeutung sind. Hier wurden für die Gerichte in der Anfangszeit von der damaligen sogenannten „Gauck-Behörde" bürokratische Hindernisse aufgebaut, die so weit reichten, dass, wie bereits erwähnt, ein besonders bevollmächtigter Richter oder Staatsanwalt die erforderlichen Akten persönlich abholen und zurückbringen musste.

---

78 § 1 StrRehag, der die Vorschriften genau bezeichnet

Der Einblick in Ermittlungsakten und operative Vorgänge des MfS war oft beklemmend, zeigte er doch, wie menschenverachtend das SED-Regime die Bürger der ehemaligen DDR zielgerichtet und kontinuierlich zum Zwecke der politischen Verfolgung ausgespäht und unterdrückt hat. Joachim Gauck berichtet in seinen Erinnerungen: „Die Staatssicherheit verfügte über ein nahezu unbeschränktes Arsenal an Maßnahmen, um jeden DDR-Bürger zu observieren und ihre Opfer zu entmutigen und zu zersetzen."[79] Sie konnte einer öffentlichen Person ein Liebesverhältnis andichten oder das Foto eines oppositionellen Pastors am FKK-Strand im Lebensmittelladen seines Dorfes aushängen. Sie konnte den beruflichen Aufstieg durch gezielte Kritik oder Verleumdung seitens eines IM bremsen – ein besonders hinterhältiges Vorgehen, da die Einwände auf den ersten Blick vollkommen unpolitisch schienen und der Betroffene häufig Kollegenneid, aber keineswegs „sicherheitspolitische" Belange dahinter vermutete – und sie konnte Gerüchte streuen und Nichtangepasste als Stasi-Spitzel verdächtigen lassen, was deren Ruf in einer Friedens- oder Umweltgruppe zumeist vollständig ruinierte."[80] Es gab Lehrer, die ihre Schüler arglistig fragten, ob sie den „Onkel Tobias" kennen. Wenn ein Schüler das bejahte, war das der Beweis dafür, dass zu Hause der „Hetzsender" RIAS Berlin gehört wurde. Dort lief am Sonntagmorgen die beliebte Kindersendung „Der Onkel Tobias vom Rias ist da".

---

79 Joachim Gauck, Winter im Sommer, Frühling im Herbst, S. 280, Siedler Verlag, München 2009

80 Joachim Gauck, Winter im Sommer, Frühling im Herbst, S. 280, Siedler Verlag, München 2009

ANWALTLICHE VERTRETUNG UND VERRAT

DER FALL WOLFGANG SCHNUR / FREYA KLIER UND STEPHAN KRAWCZYK

Der Fall des früheren Rechtsanwalts und langjährigen Inoffiziellen Mitarbeiters für das MfS Wolfgang Schnur zeigt, dass sich auch Organe der Rechtspflege willig in das System der Bespitzelung und Unterdrückung eingeordnet haben. Schnur hat nicht nur über viele Jahre Persönlichkeiten aus Kirche und Politik ausgespäht, sondern unter Verletzung seiner anwaltlichen Pflichten seine Mandanten verraten. 1996 wurde er vom Landgericht Berlin wegen politischer Verdächtigung zum Nachteil der Künstler Freya Klier und Stephan Krawczyk zu einer Gesamtfreiheitsstrafe von einem Jahr mit Bewährung verurteilt.[81] Die Feststellungen im Urteil der Strafkammer 2 vom 15. März 1996 belegen sein konspiratives und Schaden verursachendes Verhalten.

Nach einer kaufmännischen Lehre und dem Studium der Rechtswissenschaft erhielt Schnur 1973 seine Zulassung zur Rechtsanwaltschaft. Seit 1978 arbeitete er als Einzelanwalt, zunächst auf Rügen, dann in Rostock und zuletzt in Ost-Berlin. Von Dezember 1989 bis März 1990 war er Vorsitzender der Partei „Demokrati-

81 Urteil des LG Berlin vom 15.3.1996 – AZ: (502) 65 Js 1285/91 KLs (22/95)

scher Aufbruch“. Nachdem seine Tätigkeit als IM bekannt geworden war, gab er seine Tätigkeit als Rechtsanwalt noch vor den Wahlen zur Volkskammer auf. Bereits als Zwanzigjähriger hatte er am 22. Juni 1964 freiwillig eine Verpflichtungserklärung unterschrieben, mit der Staatssicherheit unter dem Decknamen „Torsten“ zusammenzuarbeiten. Seit 1983 war er als sogenannter IMB, das heißt als Inoffizieller Mitarbeiter mit besonderen Aufgaben, gewissermaßen mit „Feindberührung“, unter dem Decknamen „Dr. Ralf Schirmer“ tätig und wurde vornehmlich im Bereich Kirche eingesetzt.

Als Rechtsanwalt war Schnur Beauftragter der Kirchenleitung des Bundes der evangelischen Kirche der DDR und einzelner Landeskirchen. Unter anderem hatte er auch Kontakt zu kirchlichen Kreisen in Berlin, Wehrdienstverweigerern und Ausreisewilligen. Alsbald hatte er den Ruf eines „Kirchenanwalts“, was in das Konzept des MfS passte. Mit Billigung des MfS knüpfte er auch Kontakte zu führenden Politikern, Kirchenleuten und Beamten der Bundesrepublik Deutsch-

Freya Klier und Stefan Krawczyk, Bürgerrechtler der DDR.

land. Vorrangig war es seine Aufgabe, das MfS über Pläne und Absichten solcher Personen zu informieren, die in der DDR dem politischen Untergrund zuzuordnen waren und sich seiner juristischen Hilfe bedienten. Am 22. November 1983 schrieb er an das MfS, er sei überzeugt, die mit seiner anwaltlichen Tätigkeit verbundene Möglichkeit der weiteren Ausnutzung für die Auftragserfüllung sei noch nicht ausgeschöpft.

1986 lernte Schnur anlässlich eines in einer Kirche stattfindenden Konzertes das als Bürgerrechtler und Regimekritiker bekannte Künstlerehepaar Freya Klier und Stephan Krawczyk kennen, für die seit 1985 für die gesamte DDR ein Berufsverbot verhängt war. Deshalb traten beide nur in Kirchengemeinden auf, was für den Veranstalter und für sie mit Ordnungsstrafen geahndet wurde. Im Einvernehmen mit dem MfS baute Wolfgang Schnur mit dem Künstlerehepaar ein Vertrauens- und Freundschaftsverhältnis auf, um das MfS über deren Pläne und Absichten zu informieren. Als sich im Herbst die politische Lage in der DDR zuspitzte und Freya Klier und Stephan Krawczyk damit rechneten, verhaftet zu werden, erteilten sie dem Anwalt Schnur am 24. November 1987 eine Vollmacht, sie im Falle einer Verhaftung in allen vermögensrechtlichen Angelegenheiten zu vertreten. Am selben Tag berichtete der IM dem MfS unter seinem Decknamen „Torsten“, dass es noch weitere Möglichkeiten gebe, gegen das Ehepaar vorzugehen, etwa eine Kriminalisierung glaubhaft nachzuweisen, insbesondere vorsätzliche Steuerverkürzungen begangen zu haben.

Am 5. August 1987 erstellte das MfS eine langfristige operative Einsatzkonzeption für Wolfgang Schnur. Im Rahmen dieser Einsatzkonzeption berichtete er, der zu dieser Zeit Wehrdienstverweigerer und Ausreisewillige anwaltlich vertrat, über Pfarrer Rainer Eppelmann, Konsistorialpräsident Manfred Stolpe, Bischof Gottfried Forck, Prälat Binder sowie die Bürgerrechtlerinnen Bärbel Bohley und Vera Wollenberger und Pfarrer Joachim Gauck. Am 16. Januar 1988 teilte Wolfgang Schnur seinem Führungsoffizier mit, dass Freya Klier und Stephan Krawczyk klare und deutliche Gegner der Staats- und Gesellschaftsordnung seien. Freya Klier arbeite an einem Buch, das sich mit der politischen Situation in der DDR auseinandersetze. Sie verfolge ein politisches Konzept. Beide hätten einen engen Verbindungskanal zum ARD-Fernsehstudio.

Ziel des MfS war es, Klier und Krawczyk zu kriminalisieren und mittels einer erzwungenen Ausreise politisch kaltzustellen. Zu diesem Zweck wurde Schnur gezielt auf die beiden angesetzt. Als am 17. Januar 1988 in Berlin die offizielle Karl-Liebknecht-Rosa-Luxemburg-Demonstration stattfand, an der Stephan Krawczyk mit einem Transparent gegen Berufsverbote teilnehmen wollte, wurde er zusammen mit weiteren Personen wegen des Vorwurfs der Beteiligung an einer die öffentliche Ordnung und Sicherheit beeinträchtigenden Zusammenrottung und Missachtung der Gesetze festgenommen. Einen Tag später wurden die Wohnungen von Klier und Krawczyk durchsucht. Dabei wurden Teile des Manuskripts des Buches, an dem Freya Klier arbeitete, beschlagnahmt, darunter auch die bislang geheim gehaltene sozialkritische Studie über Jugendliche in der DDR, die Teil ihrer Arbeit war. Aufgrund des Vertrauens, das Stephan Krawczyk zu Wolfgang Schnur hatte, unterzeichnete er für diesen am ersten von drei Sprechterminen, sogenannten

„Sprechern“, in der Haftanstalt eine Vollmacht zur Vertretung in diesem Verfahren und übergab ihm einen Kassiber[82] für seine noch in Freiheit befindliche Ehefrau. Sie sollte den Arbeitsgruppenleiter am staatlichen Amt für Atomsicherheit und Strahlenschutz in der DDR Dr. Tapp warnen. Dieser hatte nach dem Atomunglück 1986 in Tschernobyl eine verstärkte Strahlenbelastung bei Pilzen und Fischen festgestellt. Stephan Krawczyk hatte diese Informationen im Zusammenwirken mit Dr. Tapp öffentlich machen wollen, um die Bevölkerung zu warnen, da die Staatsführung der DDR die tatsächlichen radioaktiven Werte verheimlichte. Wolfgang Schnur übergab den Kassiber nicht der Ehefrau, informierte sie auch nicht über den Inhalt, sondern leitete den Kassiber an das MfS weiter mit der Folge, dass Dr. Tapp mehrfach vernommen wurde. In Abstimmung mit dem MfS teilte Schnur dem inhaftierten Krawczyk mit, er müsse etwa acht Jahre „im Knast“ verbringen oder in den Westen ausreisen. Eine Ausreise kam jedoch weder für Freya Klier noch für Stephan Krawczyk infrage. Ihr Ziel war es, die Verhältnisse in der DDR von innen zu verändern.

Daraufhin verfasste Freya Klier, die sich um Leben und Gesundheit ihres inhaftierten Ehemanns sorgte, einen sogenannten Künstlerappell, um die Öffentlichkeit auf die Situation von Krawczyk aufmerksam zu machen. Wörtlich hieß es: „Wir fordern deshalb von der Regierung der DDR die sofortige Entlassung des Liedermachers Stephan Krawczyk. Wir wenden uns darüber hinaus an alle Schriftsteller der Bundesrepublik, sich für die unverzügliche Freilassung von Stephan

82 Ein Kassiber ist ein heimliches Schreiben von Gefangenen oder an Gefangene.

Krawczyk einzusetzen."[83] Würde dies nicht geschehen, sollten Künstler der BRD nicht mehr in der DDR auftreten. Den im Saal des Konsistoriums mit Genehmigung des damaligen Konsistorialpräsidenten Manfred Stolpe verlesenen und auf Video aufgenommenen Appell übergab Klier noch am 21. Januar 1988 dem ARD-Korrespondenten in Ost-Berlin, woraufhin er dann auszugsweise noch am selben Tag in den ARD-Tagesthemen ausgestrahlt wurde. Am 25. Januar 1988 wurde Freya Klier wegen des Vorwurfs landesverräterischer Agententätigkeit festgenommen und nach Erlass des Haftbefehls in die MfS-Untersuchungshaftanstalt Hohenschönhausen gebracht. Der Haftbefehl gegen Stephan Krawczyk wurde um den Tatvorwurf landesverräterischer Agententätigkeit erweitert.

Auch Freya Klier erteilte Schnur eine Verteidigervollmacht, der sie dann bis zum 1. Februar 1988 mehrfach in der Haftanstalt aufsuchte. Bei seinen Besuchen der Inhaftierten ging es ihm darum, wie vom MfS gewünscht, das Ehepaar zur Ausreise aus der DDR zu bewegen. Um dieses Ziel zu erreichen, informierte er die beiden nur selektiv. Kassiber leitete er nur dann weiter, wenn diese das ihm genehme Ziel der Ausreise zum Inhalt hatten. Wolfgang Schnur ging zutreffend davon aus, dass die Gespräche in der Haft zumindest akustisch vom MfS überwacht wurden. Bei seinem „Sprecher" am 1. Februar 1988 teilte er Freya Klier der Wahrheit zuwider mit, dass ihr Mann auf ihre Nachricht – Ausreise unter der Bedingung der Freilassung der anderen inhaftierten Oppositionellen – nicht reagiert habe. Darauf stellte sie mit Hilfe von Schnur einen Antrag auf

83 Urteil des LG Berlin vom 15.3.1996 – AZ: (502) 65 Js 1285/91 KLs (22/95)

Entlassung aus der Staatsbürgerschaft der DDR, ohne sich mit ihrem Mann besprochen zu haben. Auf einem Zettel übermittelte sie Schnur die Bitte, die auf ihrem Dachboden versteckten restlichen Manuskriptteile für ihr Buch sowie ihr Tagebuch – Dinge, die bei der ersten Durchsuchung von den Mitarbeitern des MfS nicht gefunden worden waren – dort abzuholen und ihr später im Westen zukommen zu lassen. Dabei bezeichnete sie genau das Versteck auf dem Dachboden.

Mit ihrem Ausreiseantrag ging Schnur zu Stephan Krawczyk, von dem er wusste, dass er emotional stark abhängig von seiner Frau war. Mit einer übertriebenen Schilderung des seelischen Zustands seiner Frau veranlasste er diesen, den von ihm diktierten Ausreiseantrag zu unterschreiben. Unmittelbar danach unterrichtete er seinen Führungsoffizier vom MfS von den Ereignissen und übergab ihm auch den Zettel, auf dem Freya Klier das Versteck auf dem Dachboden skizziert hatte. Das MfS durchsuchte daraufhin den Dachboden, fertigte Kopien von den Manuskripten und legte sie zurück, um ihren Informanten nicht zu enttarnen. Am 2. Februar 1988 reisten Freya Klier und Stephan Krawczyk aus der DDR in die Bundesrepublik aus.

Während der gesamten Zeit der Bespitzelung des Ehepaars und der Weitergabe entsprechender Informationen nahm der Rechtsanwalt Wolfgang Schnur billigend in Kauf, dass aufgrund seiner Informationen die Gefahr für die Künstler und Bürgerrechtler Freya Klier und Stephan Krawczyk bestand, politisch verfolgt zu werden. In einem Bericht seines Führungsoffiziers vom 8. Februar 1988 über elf Treffs in der Zeit vom 28. Januar bis zum 8. Februar 1988 heißt es: „Der IM hat eine zeitaufwendige, intensive und wertvolle

Arbeit geleistet … Im Auftrag wurde dem IM mitgeteilt, dass er für seine hohen Leistungen für das MfS mit einer Auslandsreise ausgezeichnet ist."[84]

Die von Wolfgang Schnur gegen das Urteil des Landgerichts Berlin eingelegte Revision hat der Bundesgerichtshof durch Beschluss vom 16. Oktober 1996 verworfen.[85] Die Begründung lautet, der Angeklagte habe zwei Mandanten, die der Bürgerrechtsbewegung angehörenden Theaterregisseurin Freya Klier und den Liedermacher Stephan Krawczyk, durch Zusammenarbeit mit dem MfS unter Bruch des Anwaltsgeheimnisses in die konkrete Gefahr gebracht, aus politischen Gründen und im Widerspruch zu rechtsstaatlichen Grundsätzen verfolgt zu werden. Er habe dem MfS mitgeteilt, dass seine beiden Mandanten Verbindungen zum Westfernsehen unterhielten und Freya Klier ein Manuskript mit deutlicher Kritik an den Verhältnissen in der DDR auf dem Dachboden ihres Hauses versteckt habe. Ergänzend heißt es, dass im Urteil näher beschriebene Verhalten habe in beiden Fällen die konkrete Gefahr von Gewalt- oder Willkürmaßnahmen im Sinne offensichtlicher und schwerwiegender Menschenrechtsverstöße hervorgerufen. Unter Missbrauch seiner Stellung als Rechtsanwalt und später auch als Verteidiger, der nach dem Recht der DDR der anwaltlichen Schweigepflicht unterlag, sei er als verlängerter Arm gerade des „Untersuchungsorgans" MfS tätig geworden. Damit sei der anwaltliche Beistand in einer Weise pervertiert worden, dass die Betroffenen im Widerspruch zum geschriebenen DDR-Recht einer wirksamen Verteidigung von vornherein beraubt und dem MfS völlig ausgeliefert waren.

---

84 Urteil des LG Berlin vom 15.3.1996 – AZ (502) 65 Js 1285/91 KLs (22/95)
85 Beschluss der BGH vom 16.10.1996 – AZ 3 StR 354/96

WIRTSCHAFTSVERGEHEN UND REPUBLIKFLUCHT

REHABILITIERUNG ZU UNRECHT VERURTEILTER

Erschreckend ist der Einblick in die Akten, in denen das Oberste Gericht der DDR die Betroffenen wegen Verbrechen gegen Art. 6 der DDR-Verfassung vom 7. Oktober 1949 und gegen die Kontrollratsdirektive Nr. 38 Abschnitt II Art. III A III wegen Boykotthetze und Spionage verurteilt, ihnen Sühnemaßnahmen auferlegt und ihr Vermögen eingezogen hatte. So wurden 1955 gegen zwei Angeklagte Zuchthausstrafen von 15 bzw. zehn Jahren festgesetzt, weil sie für eine Organisation (die „Kampfgruppe gegen Unmenschlichkeit"), die den Grundsätzen einer freiheitlichen rechtsstaatlichen Ordnung verpflichtet war, Widerstand gegen die SED-Diktatur geleistet hatten. Dass das Urteil mit einer rechtsstaatlichen Ordnung unvereinbar war, zeigte bereits die Tatsache, dass es vor der Hauptverhandlung von parteipolitischen Instanzen unter wesentlicher Mitwirkung des Parteivorsitzenden Walter Ulbricht festgelegt worden war – ein charakteristischer Beleg dafür, dass die Richter in der DDR nicht unabhängig waren.[86]

86 Beschluss vom 9.12.1992 – 3 Ws 83/92 Reha

Oftmals sind Verfahrensakten nicht mehr zu ermitteln. Wenn die Tatsache der Verurteilung, der Schuldspruch, die Höhe der erkannten Strafen und die Dauer von Polizei-, Untersuchungs- und Strafhaft durch andere Urkunden belegt werden, ist eine Rehabilitierung dennoch möglich. Das Kammergericht hat in solchen Ausnahmefällen eine – in der Rechtsprechung nicht ganz unumstrittene – Vermutung dafür angenommen, dass die Verurteilung der politischen Verfolgung gedient hat.[87] Die Betroffenen wurden oft mit der Tatsache konfrontiert, dass das Rehabilitationsgericht an den festgestellten Sachverhalt im Urteil des DDR-Gerichts gebunden war und nicht etwa neue Feststellungen treffen konnte, sondern das Urteil nur unter rehabilitationsrechtlichen Gesichtspunkten überprüft hat.[88] Grund ist, dass der Gesetzgeber mit dem StrRehag keine Rückabwicklung der Strafrechtspraxis der ehemaligen DDR in die Wege geleitet hat, worauf Art. 18 Abs.1 des Einigungsvertrages deutlich hinweist.

Schwierig war es, wenn die Verurteilungen nicht im Katalog des § 1 Rehabilitierungsgesetzes genannt werden. So sind etwa die Bestimmungen der Steuer-, Zoll- und Devisengesetze, der Handelsschutz- und Wirtschaftsstrafverordnung in der Aufzählung nicht enthalten. Sie sind nicht generell als rechtsstaatswidrig eingestuft worden und machten eine Einzelfallprüfung erforderlich. Es handelte sich bei den Fällen, in denen diese Bestimmungen angewendet wurden, in der Regel um die Verfolgung von Wirtschaftsstraftätern. Dabei ging es beispielsweise um unerlaubten

87 Beschluss vom 2.1.1995 – 5 Ws 440/94 Reha

88 Statt vieler siehe Beschluss des KG vom 8.9.1993 – 5 Ws 298/93 Reha; KG VIZ 1992, S. 166 und 334

Handel mit Gold, um das Strecken von Ketchup, um die unerlaubte Einfuhr von Westwaren, um den nicht genehmigten Computerhandel und anderes mehr, also fast immer um systembedingte Delikte. War es nachweisbar, dass die Durchführung des Verfahrens der Wirtschaftsstrafverordnung ausschließlich der politischen Drangsalierung des Betroffenen gedient hatte, hat das Kammergericht eine Rehabilitierung bestätigt. Ebenso hat das Kammergericht in den Fällen entschieden, in denen die Betroffenen Umzugsgut von Flüchtlingen befördert und ihnen so geholfen haben, zu ihrem Hab und Gut zu gelangen, das ihnen widerrechtlich vorenthalten wurde. Anders als das Kammergericht hat das Oberlandesgericht Dresden[89] zu dem mit der Handelsschutzverordnung inhaltlich im wesentlichen gleichlautenden Gesetz zum Schutz des innerdeutschen Handels vom 21. April 1950 die Auffassung vertreten, dass Verurteilungen nach §§ 1 und 2 dieses Gesetzes der politischen Verfolgung gedient haben und daher grundsätzlich rechtsstaatswidrig seien.

Nicht rehabilitierungsfähig war allerdings ein Verstoß gegen die Abgabenordnung wegen Zollhehlerei. Der Betroffene hatte in den Jahren 1950 bis 1955 Rohkaffee in West-Berlin eingekauft, unter Umgehung des Zolls in die DDR verbracht und dort gewinnbringend weiterverkauft.[90] Eine Einzelfallprüfung zum § 17 Devisengesetz ergab, dass ein anderer Betroffener mit Schallplatten gehandelt hatte, die von West-Berlin unter Umgehung des Zolls nach Ost-Berlin verbracht worden waren. Das Stadtgericht Berlin hatte ihn deshalb zu einer Freiheitsstrafe von zwei Jahren und

89 OLG Dresden, VIZ 1994, S. 438
90 Beschluss vom 17.7.1996 – 3 Ws 427/96 Reha

zehn Monaten verurteilt. Das Kammergericht hat den Mann insoweit rehabilitiert und die Freiheitsstrafe aufgehoben, soweit die verhängte Strafe ein Jahr überstieg. Grund dafür waren die Strafzumessungserwägungen im Urteil des Stadtgerichts, in denen unter anderem zu lesen war, es gehe nicht an, dass „Bürger Erzeugnisse aus dem kapitalistischen Ausland erwerben, um ihren Hobbys nachgehen zu können". Im Zusammenhang mit den tatsächlichen Feststellungen des Urteils begründete die Wortwahl doch den Verdacht, dass es mindestens auch darum ging, die unerwünschte und unkontrollierte Verbreitung westlicher Musik durch eine möglichst abschreckende Freiheitsstrafe zu verhindern.[91] Die Verurteilung wegen illegalen Umtausches von Dollar und DM in Mark der DDR – sogenannte einfache Verstöße gegen die Geldverkehrsordnung und das Devisengesetz – führten nicht zur Rehabilitierung.[92]

Wenn die klassenkämpferische Begründung eines Urteils mit gezielt herabsetzenden Aussagen über den Beschuldigten, tendenziösen Bemerkungen und politisierendem Sprachstil erkennen ließ, dass es von politischen Erwägungen beeinflusst und der Betroffene wegen seiner Gegnerschaft gegen das DDR-Regime verurteilt worden war, konnte das im Rahmen der Rehabilitierung zur Herabsetzung der Strafe führen, so etwa auch bei Beleidigungen, Beschimpfungen und Verleumdungen von Angehörigen der Volkspolizei und der NVA.[93] Andererseits wurde die Rehabilitation trotz Vorliegen des gesetzlichen Regeltatbestandes

91 Beschluss des KG vom 28.6.1995 – 5 Ws 427/93 Reha
92 Beschluss des KG vom 25.10.1995 – 5 Ws 274/95 Reha
93 Beschluss des KG vom 8.1.1996 – 5 Ws 415/95 Reha

Tag des Mauerbaus: Am 13. August 1961 gab es nur an wenigen Stellen bereits etwas wie die Mauer. Zunächst wurde Stacheldraht ausgerollt und von Volkspolizisten bewacht.

der „staatsfeindliche Hetze“ zu Recht abgelehnt, wenn sich die Betroffenen mit Freunden betrunken und gelärmt, die herbeigerufenen Angehörigen der Volkspolizei beleidigt und sich gewaltsam gegen ihre Festnahme gewehrt hatten.[94]

Im Einzelfall schwierig zu beurteilen waren die Verurteilungen wegen Verstoßes gegen § 3 der Verordnung über die Aufenthaltsbeschränkung der DDR von 1961. Bei dieser Vorschrift handelte es sich um eine Vorläufervorschrift des § 249 StGB/DDR, die ebenfalls nicht im Gesetzeskatalog des § 1 StrRehag genannt ist. Das Kammergericht hat dazu entschieden, dass eine Verurteilung wegen Verstoßes gegen § 3 der oben angegebenen Verordnung ebenso wie wegen Gefährdung der öffentlichen Ordnung durch asoziales Verhalten gemäß § 249 StGB/DDR in der

94 Beschluss des KG vom 20.5.1996 – 3 Ws 186/96 Reha

präzisen Ausgestaltung durch die Rechtsprechung des Obersten Gerichts der DDR zu Freiheitsstrafen und zur Anordnung staatlicher Kontroll- und Erziehungsmaßnahmen in der Regel nicht als rechtsstaatswidrig anzusehen und nur dann aufzuheben sind, wenn die Verurteilung im Einzelfall auf politische Verfolgung schließen lässt oder die Strafe unverhältnismäßig hoch war.[95] Diese Rechtsauffassung wird auch von der obergerichtlichen Rechtsprechung und der Literatur in Rehabilitierungssachen geteilt.[96]

In nicht wenigen Fällen haben die DDR-Gerichte, wenn eine nach § 213 StGB/DDR strafbare Republikflucht nicht zu beweisen war, andere Normen benutzt, um Grenzgänger zu bestrafen, die noch vor dem Mauerbau versucht hatten, Hab und Gut in den Westen zu bringen. Dazu diente § 4 der Verordnung zum Schutz des innerdeutschen Handels. Vor dem Hintergrund der geschichtlichen Erfahrung sind die Betroffenen rehabilitiert worden.[97] War die Fahnenflucht erforderlich, um aus der DDR flüchten zu können, ist auch diese Verurteilung insoweit als rechtsstaatswidrig angesehen worden.[98] Eine eingeschränkte Rehabilitierung hat das Kammergericht nur gewährt, wenn bei der Flucht Leben oder Gesundheit anderer gefährdet wurde oder gefährliche Mittel angewandt wurden, so etwa wenn der Flüchtende mit einem LKW nicht einsehbare Grenztore durchbrochen hatte.[99] Verurteilungen wegen ungesetzlichen Betretens der DDR vom Westen aus sind – von extremen Ausnahmefällen ab-

95 Grundlegend KG VIZ 1993, S. 459; und VIZ 1993, S. 515
96 Beschluss des KG vom 5.9. 2003 – 5 Ws 453/03 Reha
97 Beschluss des KG vom 5.8. 2002 – 5 Ws 420/02 Reha
98 Statt vieler Urteile siehe LG Berlin, VIZ 1994, S. 90 f.
99 Beschluss vom 20.6.1996 – 3 Ws 167/96 Reha

gesehen – nicht als rechtsstaatswidrig eingestuft worden.[100]

Eine besondere Ausnahme stellte die Verurteilung eines geflüchteten NVA-Soldaten wegen Mordes und Fahnenflucht zu lebenslanger Freiheitsstrafe durch das Militärobergericht dar. Der Soldat hatte bei seiner Flucht seinen Postenführer hinterrücks erschossen und war deshalb nach seiner Flucht vom Landgericht Schweinfurt wegen Mordes zu einer Jugendstrafe von neun Jahren verurteilt worden und hatte diese Strafe bis zum 1. März 1968 verbüßt. Die DDR nahm den Mann 1978 unter Verstoß gegen das Transitabkommen und gegen völkerrechtliche Regelungen auf der Transitautobahn fest. Das Verfahren widersprach den Grundsätzen einer freiheitlichen rechtsstaatlichen Ordnung. Der Betroffenen wurde ein zweites Mal vor das Militärobergericht gestellt. Das ist unzulässig. Nach Artikel 3 des Grundgesetzes kann niemand wegen derselben Tat auf Grund der allgemeinen Gesetze mehrfach bestraft werden. Das Kammergericht hat daher das Urteil des Militärobergerichts der DDR aufgehoben.[101]

Eine Opfergruppe mit besonders berührenden Einzelschicksalen sind die ehemaligen „Heimkinder" der DDR. Viele von ihnen haben Demütigungen und Gewalt durch ihre Erzieherinnen und Erzieher, Gewalt durch die Gruppe, Arrest und Isolierung oder sexuelle Übergriffe erfahren. Betroffene leiden noch heute unter den materiellen und sozialen Entbehrungen ihrer Heimunterbringung. Die erhoffte Rehabilitierung

100 Beschlüsse des KG vom 1. und 7.7.1993 – 3 Ws 345/93 Reha und 5 Ws 109/93 Reha – sowie vom 4.1.1996 – Ws 543/95 Reha

101 Beschluss des KG vom 30.5 1994 – 3 Ws 103/94

nach dem StrRehaG blieb in vielen Fällen aus. Die Richterin am Kammergericht Antje-Katrin Kelting-Scholz hat die tatsächlichen und rechtlichen Probleme bei der Entscheidung über Rehabilitierungsanträge ausführlich beschrieben.[102] Eine Ausnahme bildet die öffentliches Aufsehen[103] erregende Entscheidung über die die Einweisungen in den Jugendwerkhof Torgau in Sachsen. Jugendwerkhöfe waren nach DDR-Recht Einrichtungen für erziehungsschwierige Jugendlicher, sie sollten dort zu qualifizierten Arbeitern erzogen werden. Die Einweisung in Jugendwerkhöfe ist deshalb von sich aus nicht als rechtsstaatswidrig eingestuft worden.[104]

Die Einweisung in den Jugendwerkhof Torgau hat das Kammergericht dagegen in einem außerordentlich umfangreichen Beschluss als grundsätzlich rechtsstaatswidrig bezeichnet.[105] Ausführlich hat das Kammergericht die Umstände der Anordnung der Einweisung, die Einweisung selbst sowie die entwürdigende und menschenverachtende Durchführung beschrieben und festgestellt, dass die Menschenrechte der Jugendlichen dort regelmäßig schwerwiegend verletzt worden sind. Etwa 5.000 Jugendliche haben den geschlossenen Jugendwerkhof durchlaufen. Er wurde erst am 3. November 1989 aufgelöst. Das Bekanntwerden der Entscheidung des Kammergerichts hat verständlicherweise eine Flut neuer Rehabilitierungsanträge ausgelöst.

Hinter den über 20.000 Anträgen auf Rehabilitation

---

102 Jubiläumsschrift 550 Jahre Kammergericht, S. 311 ff.
103 Berliner Morgenpost vom 29.12.2004
104 Beschluss des KG vom 11.4.1997 – 5 Ws 568/96 Reha und vom 6.3.2007 – 2/5 Ws 246/07 Reha
105 Beschluss des KG vom 15.1.2004 – 5 Ws 169/04 Reha

allein in der Zuständigkeit der Berliner Gerichte stehen mehr als 20.000 Einzelschicksale. Eine bisher vorliegende Statistik belegt, dass bis zum 30. Juni 2007 insgesamt 19.902 Anträge erledigt worden sind, wovon bis Ende 2004 insgesamt 8.820 Anträge erfolgreich beschieden wurden. 3.290 Anträge hatten keinen Erfolg. 460 Anträge haben sich durch Rücknahme, Abgabe an andere Gerichte und anderes erledigt.[106] Man wird den Betroffenen eine unterschiedliche Beurteilung darüber zugestehen müssen, ob das Ziel erreicht worden ist oder noch erreicht werden kann.

106 Auskunft der Berliner Senatsverwaltung für Justiz

STRAFRECHTLICHE AUFARBEITUNG DES SED-UNRECHTS

Die strafrechtliche Aufarbeitung des SED-Unrechts konzentrierte sich zunächst auf das menschenrechtswidrige Grenzregime der SED, das Menschen nur deshalb mit dem Tode bedrohte, weil sie auf dem Recht bestanden, die DDR zu verlassen. Da das Präsidium des Landgerichts mich im April 1992 zum Vorsitzenden der Schwurgerichtskammer 27 bestellt hatte, weil deren Vorsitzender in den Ruhestand getreten war, wurde ich schnell mit einem sogenannten Mauerschützen-Prozess konfrontiert.

Der Versuch, aus der ehemaligen DDR zu fliehen, hatte 86 Menschen an der Berliner Mauer ihr Leben gekostet. Die Zahlen differieren allerdings, heute wird allgemein von 136 Todesopfern gesprochen. Zwischen 1946 und dem 9. November 1989 gab es 270 nachweisliche Todesfälle an der innerdeutschen Grenze infolge eines Gewaltaktes – etwa Schusswaffengebrauch und Minendetonationen. Wie sollte das aufgearbeitet werden? Wer war strafrechtlich verantwortlich? Dabei ist daran zu erinnern, dass noch im Dezember 1989 die DDR-Justiz selbst gegen Spitzenfunktionäre Ermittlungsverfahren eingeleitet hatte, vorwiegend wegen Korruptionsvorwürfen und Wahlfälschung, aber auch wegen der Todesfälle an der Grenze. Die Staatsanwaltschaft der DDR warf dem ehemaligen Staatsratsvorsitzenden Erich Honecker „Hochverrat an der sozialistischen Gesellschaft“ vor.

Im August 1990 eröffnete der Generalstaatsanwalt der DDR im Hinblick auf die Toten an der Berliner Mauer ein Ermittlungsverfahren gegen Erich Honecker wegen Mordes. Honecker wurde verhaftet und in der Justizvollzugsanstalt Rummelsburg inhaftiert. Ein Ärztebulletin bescheinigte ihm, haftunfähig zu sein, und das Ehepaar Honecker wurde nach Lobetal in das Pfarrhaus von Uwe Holmer gebracht. Die Familie Holmer gewährte ihm für begrenzte Zeit Obdach. Im November 1990 wurde das Verfahren von der Staatsanwaltschaft beim Kammergericht übernommen und gegen den früheren Staatsratsvorsitzenden der DDR ein bundesdeutscher Haftbefehl wegen des Vorwurfs erlassen, für die Toten an der Berliner Mauer verantwortlich zu sein. Erich und Margot Honecker erhielten daraufhin Zuflucht auf dem sowjetischen Militärgelände in Beelitz. Von dort wurde das Ehepaar im März 1991 mit einem Hubschrauber zum nahegelegenen Militärflugplatz gebracht und unter Verstoß gegen das Völkerrecht mit einer Militärmaschine nach Moskau ausgeflogen, wo der Generalsekretär des ZK der Kommunistischen Partei Russlands und Präsident der Sowjetunion Michail Gorbatschow aus humanitären Gründen für sie sorgen ließ. Die Honeckers wurden in einer Waldsiedlung in der Nähe von Moskau untergebracht. Im Juni 1991 wurde Boris Jelzin Präsident der Russischen Teilrepublik der RSFSR (Russische Sozialistische Föderative Sowjetrepublik). Er verfügte am 10. Dezember 1991 die Ausweisung von Erich Honecker. Dessen Proteste halfen nicht. In der Botschaft der Republik Chile in Moskau erhielt er vorübergehend Asyl, bis diplomatische Bemühungen der Bundesregierung dazu führten, dass Honecker die chilenische Botschaft am 29. Juli 1992 verlassen musste. Die russischen Behörden veranlassten seine Überführung nach Berlin. Noch im Flugzeug wurde er von deutschen Kriminalbeamten festgenommen und in Berlin in die Untersuchungshaftanstalt Moabit gebracht.[107] Seine Frau Margot flog allein nach Chile.

Gegen den 83 Jahre alten Erich Mielke, der in Berlin in Untersuchungshaft saß und seine Verhandlungsunfähigkeit nachweislich vortäuschte, hatte die Berliner Staatsanwaltschaft sofort Anklage wegen des fast 60 Jahre zurückliegenden Polizistenmordes am Bülowplatz 1931 erhoben. Der Mord war nicht verjährt. Die Sowjets hatten die Akten konfisziert, doch jetzt standen sie wieder zur Verfügung.

Warum begann nun die Reihe der Gerichtsverfahren nicht gegen die Führungskader der SED, sondern zunächst mit den sogenannten Mauerschützenverfahren gegen die Grenzsoldaten? Weshalb zunächst die Kleinen und erst später die Großen? Die Schützen kamen als unmittelbare Täter in Betracht. Der Einstieg war hier über die Akten der Zentralen Beweismittel- und Dokumentationsstelle der Landesjustizverwaltungen in Salzgitter möglich. Diese Zentralstelle hatte ihre Arbeit bereits im November 1961 aufgenommen.

107 Eingehend beschrieben von seinem Verteidiger Rechtsanwalt Friedrich Wolff in: Verlorene Prozesse 1953 – 1998, Nomos Verlagsgesellschaft, Baden-Baden 1999, Kapitel „Machtmissbrauch, Hochverrat, Mord und Totschlag – Das Strafverfahren gegen Erich Honecker", S. 233 ff.

Sie hatte die Aufgabe, Hinweisen auf vollendete oder versuchte Tötungshandlungen (zum Beispiel an der innerdeutschen Grenze), Unrechtsurteilen aus politischen Gründen, Misshandlungen im Strafvollzug und Verschleppung oder politische Verfolgung in der DDR nachzugehen und darüber Beweismittel zu sammeln. Dies sollte der Abschreckung potenzieller Täter dienen und so zu einer Erleichterung der Lebensverhältnisse in der DDR führen. Langfristig sollten die Informationen im Fall einer deutschen Wiedervereinigung zur Eröffnung von Strafverfahren dienen – was sie dann auch getan haben. Das entscheidende Scharnier zwischen den Verbrechen der SED-Diktatur und der Aufarbeitung durch die Justiz wurde die Zentrale Ermittlungsstelle für die Regierungs- und Vereinigungskriminalität (ZERV) bei der Berliner Polizei unter der Leitung von Manfred Kittlaus, der seine gesamte Berufserfahrung und das Gewicht seiner Persönlichkeit einbrachte, um die Ermittlungen erfolgreich voranzutreiben.

Bei der Berliner Staatsanwaltschaft wurde eine Arbeitsgruppe unter dem später zum Generalstaatsanwalt ernannten Christoph Schaefgen eingerichtet. Ihr fiel der gesetzliche Auftrag zu, die Verantwortlichkeit und Schuld der führenden SED-Politiker zu ermitteln, sie gegebenenfalls anzuklagen und einer Verurteilung zuzuführen. Erich Honecker, Erich Mielke, Egon Krenz und viele andere – nichts schien leichter, als ihnen den Prozess zu machen, so dachten nach dem Mauerfall viele. Die Gleichung ging nicht auf. Im Namen des Volkes erhielten die Verantwortlichen ihr Urteil mit der Zerschlagung der SED-Diktatur auf der Straße, doch nicht im Gerichtssaal, mit Ausnahme von Egon Krenz.

Die Serie der Gerichtsverfahren begann zunächst mit den sogenannten Mauerschützenverfahren, das heißt mit den Verfahren gegen die Grenzsoldaten, die an der Berliner Mauer und an der innerdeutschen Grenze unmittelbar als Befehlsempfänger geschossen haben. Viel schwieriger und wesentlich zeitaufwändiger war es, die Struktur und Befehlsketten in der Führung der Grenztruppen bis hin zum Verteidigungsministerium, zum Nationalen Verteidigungsrat und zum Politbüro zu erschließen. Außerdem stellte sich die Frage, ob man gegen Erich Honecker und Egon Krenz als ehemalige Staatsoberhäupter überhaupt verhandeln durfte, und wenn: Waren sie Anstifter oder Täter? Wesentliche Fragen, die auf uns Juristen einstürmten. Als Vorsitzender der Schwurgerichtskammer 27 war ich an der Wiederholung des ersten Mauerschützenverfahrens sowie später an den Verfahren gegen Erich Honecker und später auch Egon Krenz beteiligt. Zunächst blieben die militärische Hierarchie und die politisch Verantwortlichen unbehelligt.

ERST DIE KLEINEN, DANN DIE GROSSEN?

DER ERSTE MAUERSCHÜTZEN-PROZESS

Im ersten Mauerschützen-Prozess gegen ehemalige Angehörige der Grenztruppen der DDR ging es um den letzten, am 5. Februar 1989 erschossenen Flüchtling an der Berliner Mauer, den 20 Jahre alten Chris Gueffroy. In einem Aufsehen erregenden Verfahren hatte die Schwurgerichtskammer 23 am 20. Januar 1992 einen der beiden Schützen wegen Totschlags des Chris Gueffroy zu einer Freiheitsstrafe von drei Jahren und sechs Monaten verurteilt. Den anderen Schützen hatte die Schwurgerichtskammer vom Vorwurf der Anstiftung zum Totschlag durch den ersten Schützen freigesprochen.

Wegen der zu hohen Strafe hatte der Bundesgerichtshof das Urteil am 25. März 1993 im Strafausspruch aufgehoben, das hieß, der Schuldspruch und die ihm zugrunde liegenden tatsächlichen Feststellungen des ursprünglichen Urteils waren für den Wiederholungsprozess bindend. Der ebenfalls vom BGH aufgehobene Freispruch dagegen war völlig neu zu verhandeln. Für uns als Richter der ersten Instanz brachte das aber ein Stück Klarheit und Sicherheit. Nach der Entscheidung des BGH stand fest: Die

Chris Gueffroy war der letzte Mauertote. Er verblutete in der Nacht vom 5. auf den 6. Februar 1989, wenige Monate vor dem Fall der Mauer, an der Grenze zwischen Treptow und Neukölln.

Tötung von Flüchtlingen an der Berliner Mauer und innerdeutschen Grenze war aus den folgenden Gründen rechtswidrig:

1. Der oder die Schützen konnten sich nicht auf den Rechtfertigungsgrund der Notwehr berufen. Selbst wenn die auch tödliche Anwendung der Schusswaffe zur Fluchtverhinderung dazu diente, der anhaltenden Gefahr einer die Existenz der DDR gefährdenden Massenflucht entgegenzuwirken und daher jeder Fluchtversuch als Angriff auf die sozialistische Gesellschaftsordnung angesehen werden konnte, rechtfertigte dies nicht die bedingt vorsätzliche Tötung einzelner Flüchtlinge. Es war keine angemessene Abwehr gegen die Gefährlichkeit des Angriffes.

2. Die Taten der Schützen waren nicht durch Notstand gerechtfertigt, denn die bedingt vorsätzliche Tötung einzelner Flüchtlinge war gemessen an Art und Ausmaß der Gefahr unverhältnismäßig.

3. Eine Rechtfertigung der Schützen war auch nicht unter dem Aspekt des Widerstreits der Pflichten gegeben, da der eingetretene Schaden, nämlich der Tod eines Menschen, ein größerer Schaden war als der abgewehrte unerlaubte Grenzübertritt eines Einzelnen.

4. Auch die Strafprozessordnung der DDR bot keinen Rechtfertigungsgrund, da diese Vorschrift nur die Festnahme eines Straftäters erlaubte, nicht jedoch seine Tötung.

5. Schließlich waren die Taten der Schützen nicht durch § 27 des Grenzgesetzes gerechtfertigt. Nach dieser Vorschrift war die bedingte oder unbedingt vorsätzliche Tötung unbewaffneter Flüchtlinge gestattet. Das heißt, das gewaltsame Durchsetzen des Verbots, die DDR zu verlassen, hatte Vorrang vor dem Lebensrecht des einzelnen Menschen, der nichts anderes wollten, als ohne Gefährdung anerkannter Rechtsgüter die Grenze zwischen der DDR und der Bundesrepublik zu überschreiten. Die Staatspraxis der DDR, die vorsätzliche Tötung von Flüchtlingen durch Schusswaffen, Selbstschussanlagen oder Minen zur Vermeidung einer Flucht aus der DDR in Kauf zu nehmen, ist ein so offensichtlicher, unerträglicher Verstoß gegen elementare Gebote der Gerechtigkeit und gegen völkerrechtlich geschützte Menschenrechte, dass sie die Täter nicht rechtfertigen kann. Der Verstoß wiegt so schwer, dass er die allen Völkern gemeinsamen auf Wert und Würde des einzelnen Menschen bezogenen Rechtsüberzeugungen verletzt.[108]

Der BGH hat sich für diese Begründung auf die 1946 nach dem Ende der nationalsozialistischen Ge-

108 Vgl. BGHSt 39, 1, 15 ff., 23 ff., 168,184 f; BGHSt 40, 241, 244 ff.; BGHST 41, 101, 105 ff.

waltherrschaft für die Beurteilung des NS-Unrechts entwickelte Radbruch'sche Formel zum Konflikt zwischen Rechtssicherheit und Gerechtigkeit berufen. Das im Grenzregime praktizierte DDR-Recht war in Wahrheit Unrecht. Der Rechtsphilosoph Gustav Radbruch hatte herausgearbeitet, dass bei schwersten Rechtsverletzungen, die im staatlichen Auftrag begangen worden sind, darauf zu achten ist, ob der Staat die äußerste Grenze überschritten hat, die nach allgemeiner Überzeugung jedem Land gesetzt ist.[109] Diese Grenze hat die DDR überschritten, wenn Menschen nur deshalb getötet wurden, weil sie waffenlos und ohne Gewalt ihr Land verlassen wollten. Diese so ausgefüllte Radbruch'sche Formel ist auch im internationalen Pakt für bürgerliche und politische Rechte von 1966 sowie in der allgemeinen Erklärung der Menschenrechte der Vereinten Nationen von 1948 verankert. Die DDR hatte sich selbst immer darauf berufen, diese naturrechtlich und international geschützten juristischen Mindeststandards einhalten und schützen zu wollen.

Damit war ein Hauptproblem ausgeräumt – das Rückwirkungsverbot des Art. 103 Abs. 2 GG war durch die Nichtanwendung dieses Rechtfertigungsgrundes aus dem Grenzgesetz nicht verletzt. Das strikte Rückwirkungsverbot des Art. 103 Abs. 2 GG findet seine rechtsstaatliche Rechtfertigung in der besonderen Vertrauensgrundlage, welche die Strafgesetze tragen, wenn sie von einem an die Grundrechte gebundenen demokratischen Gesetzgeber erlassen werden. An einer solchen besonderen Vertrauensgrundlage fehlt

109 Uwe Wesel, Ein Staat vor Gericht, S. 37 ff., Eichborn Verlag, Frankfurt a.M. 1994

es, wenn der Träger der Staatsmacht für den Bereich schwersten kriminellen Unrechts die Strafbarkeit ausschließt, indem er selbst zu solchem Unrecht auffordert, es begünstigt und so die in der Völkerrechtsgemeinschaft allgemein anerkannten Menschenrechte in schwerwiegender Weise missachtet. Der strikte Schutz von Vertrauen durch Art. 3 Abs. 2 GG muss dann zurücktreten. Diese Rechtsauffassung ist vom Bundesverfassungsgericht und später auch vom Europäischen Gerichtshof für Menschenrechte bestätigt und gebilligt worden.[110]

Außergesetzliche Rechtfertigungsgründe für die Grenzsoldaten als staatliche Funktionsträger kamen ebenfalls nicht in Betracht. Denn nach der Verfassung der DDR konnte das Persönlichkeitsrecht, zu dem auch das Recht auf Leben zählte, nur durch Gesetz eingeschränkt werden.

Der BGH hatte auch die Frage der Schuld entschieden: Nach dem Wehrstrafgesetz der DDR traf den auf Befehl handelnden Soldaten eine Schuld nur, wenn er erkannte, dass die befohlene Tat gegen das Strafrecht verstieß oder wenn es nach den ihm bekannten Umständen offensichtlich war. Für jeden Soldaten, so der BGH, war es ohne weiteres einsichtig, dass es ein jeder vernünftigen Rechtfertigung entzogener Verstoß gegen das elementare Tötungsverbot war, wenn ein Grenzsoldat mit bedingtem Tötungsvorsatz einen sicher gezielten Schuss auf den Oberkörper eines Flüchtlings abgab. Die Grenzsoldaten wussten um die Diskussionen über die Zulässigkeit tödlicher Schüsse auf Flüchtlinge. Es gab unter ihnen das verbreitete

---

110 BVerfG, NJW 1997, S. 929; EGMR, NJW 2001, S. 3035 u. 3042

Streben, den Wehrdienst mit „weißen Handschuhen" zu absolvieren, das heißt ohne auf Menschen geschossen zu haben. Sie kannten die Praxis der sogenannten „Feuerpausen" bei Staatsbesuchen. Sie wussten von den verhängten Nachrichtensperren, den Schweigegeboten und den Vertuschungsbemühungen durch das MfS. Unter Berücksichtigung dieser Umstände war es offensichtlich, dass der Befehl, auf einen unbewaffneten Flüchtling unter Inkaufnahme seines Todes zu schießen, auf strafbares Handeln abzielte.

Ein Verbotsirrtum war in jedem Fall vermeidbar. Angesichts des offensichtlichen Strafrechtsverstoßes, der regelmäßig zur Vermeidbarkeit des Verbotsirrtums führt, wäre es den Grenzsoldaten bei gehöriger Anspannung ihres Gewissens ohne weiteres möglich gewesen, das Unrecht ihres Tuns zu erkennen.

Diese rechtlichen Vorgaben waren also in dem zu wiederholenden Prozess zu beachten. Was war geschehen? Die beiden 20 Jahre alten Ost-Berliner Chris Gueffroy und Christian Gaudian wollten gemeinsam in der Nacht vom 5. zum 6. Februar 1989 die DDR über die Bezirksgrenze zwischen Treptow und Neukölln verlassen. Sie planten, in West-Berlin ein Restaurant aufzumachen, und träumten von einer Reise in die USA. Gaudian und Gueffroy hatten bereits den Hinterlandzaun überwunden, kletterten durch den Signalzaun, wodurch sie Alarm auslösten, und liefen auf den letzten Grenzzaun, den Metallgitterzaun, zu. Wegen des einsetzenden Dauerfeuers eines Grenzsoldaten blieben sie stehen, setzten vergeblich zum Überklettern des Metallzauns an, liefen weiter und versuchten sodann, mit einer „Räuberleiter" das letzte Hindernis zu überwinden, wobei Gueffroy, mit dem Rücken zum Zaun, der Untermann war. Gaudian stand mit seinen Füßen auf den Händen von Gueffroy und wollte sich am Zaun hochziehen. In diesem Moment waren die herbeilaufenden Grenzsoldaten Heinrich und Schmidt etwa 39 Meter von den Flüchtlingen entfernt. Der Postenführer Schmidt legte zwar seine Pistole an, schoss aber nicht. Heinrich rief er zu: „Schieß doch!“ Dieser kniete daraufhin nieder, legte an und schoss dreimal, davon zielte er zweimal auf die Füße, wobei er den rechten Fuß von Gueffroy traf. Den dritten gezielten Schuss gab er auf den Oberkörper ab, der ins Herz traf. Gueffroy verstarb nach wenigen Minuten. Der ebenfalls verletzte Gaudian wurde festgenommen und wegen versuchten ungesetzlichen Grenzübertritts im schweren Fall zu einer Freiheitsstrafe von drei Jahren verurteilt und nach einer Teilverbüßung am 17. Oktober 1989 in den Westen entlassen.

Die mit bedingtem Vorsatz erfolgte Tötung des Chris Gueffroy durch den dritten Schuss aus der Waffe des Angeklagten Heinrich war rechtswidrig. Ein Rechtfertigungsgrund nach dem Grenzgesetz der DDR vom 25. März 1982 stand ihm nicht zu. Die praktische Auslegung dieses Gesetzes im Grenzregime der DDR verstieß in offensichtlicher, unerträglicher Weise gegen elementare Gebote der Gerechtigkeit und gegen die Menschenrechte. Diese Praxis war gekennzeichnet vom Akzeptieren tödlicher Schüsse auf Flüchtende. Die Schützen wurden belobigt, ausgezeichnet und belohnt. Disziplinar- oder strafrechtliche Ermittlungen wegen der Schüsse wurden nicht geführt. Ziel dieser Staatspraxis war, dem Verhindern des ungesetzlichen Grenzübertrittes Vorrang vor dem Schutz des Lebens zu geben und auf die Grenzsoldaten entsprechend einzuwirken. Bei menschenrechtsfreundlicher Auslegung des Grenzgesetzes war das Schießen auf „Grenzverletzer" mit unbedingtem oder bedingtem Tötungsvorsatz unverhältnismäßig und deshalb unzulässig, zumal es sich hier um zwei unbewaffnete und auch sonst nicht Leib und Leben anderer gefährdende Flüchtlinge handelte.[111]

Der Angeklagte Heinrich handelte schuldhaft. Er handelte auf Befehl, als er, der Aufforderung des Postenführers folgend, drei Schüsse abgab und Chris Gueffroy tödlich verletzte. Dabei entsprach die Tötung des Flüchtlings der allgemeinen Befehlslage, wie sie dem Angeklagten seitens der Vorgesetzten vermittelt worden war. Die Schwurgerichtskammer ist zu seinen Gunsten davon ausgegangen, dass der Befehl des Postenführers „Schieß doch!" so zu verstehen war und auch vom Angeklagten Heinrich so verstanden worden ist, dass er im Einklang mit der allgemeinen Befehlslage handeln, also zunächst in schonender Weise auf die Füße und, wenn hierdurch der Grenzdurchbruch nicht verhindert werden konnte, mit zumindest bedingtem Tötungsvorsatz weiter schießen sollte. Der Befehl vermag den Angeklagten Heinrich aber nicht zu entschuldigen, da der Befehl zum Tatzeitpunkt offensichtlich gegen das Wehrstrafgesetz der DDR verstieß. Für jeden Soldaten war es ohne weiteres einsichtig, dass es ein jeder vernünftigen Rechtfertigung entzogener Verstoß gegen das elementare Tötungsverbot war, wenn ein Grenzsoldat mit bedingtem Tötungsvorsatz einen sicher gezielten Schuss auf den Oberkörper eines

111 BGH 5 StR 370/92 Abschnitt C.II.4 – UA, S. 35 ff.

Flüchtlings abgab. Dies ergab sich zur Überzeugung der Schwurgerichtskammer speziell für den Angeklagten Heinrich daraus, dass ihm seine Herkunft und Erziehung trotz politischer Indoktrination ausreichende Vorstellungen von Gerechtigkeit und Menschlichkeit sowie davon vermittelt hatten, dass das Tötungsverbot zum Kernbereich der Ethik gehört.

Der Angeklagte Heinrich hatte vor seiner Einberufung zu den Grenztruppen das Erschießen von Menschen an der Grenze als rechtswidrig, ja als Verbrechen gegen die Menschlichkeit angesehen. Er ist auch nicht wegen eines Verbotsirrtums entschuldigt. Bei einer zu verlangenden Anspannung seines Gewissens wäre es ihm ohne weiteres möglich gewesen, das Unrecht seines Tuns zu erkennen, zumal zur Tatzeit im Februar 1989 bereits umfangreiche gesellschaftliche Diskussionen in der DDR und Auflösungstendenzen des sowjetischen Imperiums zu beobachten waren. Unter Berücksichtigung der vom BGH vorgegebenen Erwägungen[112] hat die Schwurgerichtskammer den Angeklagten Heinrich zu einer Freiheitsstrafe von zwei Jahren verurteilt und diese zur Bewährung ausgesetzt.[113] Den angeklagten Postenführer Schmidt hat die Kammer freigesprochen, weil ihm nicht zu widerlegen war, dass zwischen ihm und Heinrich eine von der Befehlslage abweichende Vereinbarung bestand, nur fluchtunfähig und auf die Beine oder Füße zu schießen, eine Vereinbarung, die Heinrich nach Auffassung des Gerichts auch glaubhaft bestätigt hat.[114]

---

112 Zusammenfassung bei Hansgeorg Bräutigam, Die Toten an der Berliner Mauer und an der innerdeutschen Grenze, Deutschland Archiv Heft 6/2004, S. 969, 974

113 Urteil des LG Berlin vom 14.3.1994 – (527) 2 Js 48/90 Ks (3/93)

114 Urteil des LG Berlin vom 14.3.1994, ebd.

ANKLAGE WEGEN TOTSCHLAG UND VERSUCHTEM TOTSCHLAG

DER HONECKER-PROZESS

Inzwischen hatte die Staatsanwaltschaft beim Kammergericht bereits unter dem 12. Mai 1992 Anklage erhoben wegen Totschlags bzw. wegen des versuchten Totschlags gegen den früheren Generalsekretär der SED und Vorsitzenden des Nationalen Verteidigungsrates der DDR (NVR) Erich Honecker (zum damaligen Zeitpunkt 79 Jahre alt), gegen das frühere Mitglied des Politbüros des Zentralkomitees (ZK) der SED und früheren Minister für Staatssicherheit der ehemaligen DDR Erich Mielke (84) und das frühere Mitglied des Politbüros des ZK der SED und früheren Vorsitzenden des Ministerrates und Stellvertreter des Vorsitzenden des Staatrates der ehemaligen DDR Willi Stoph (77), wegen 68 Fällen des Totschlags bzw. Versuchs in der Zeit vom 12. August 1961 bis 5. Februar 1989. Das frühere Mitglied des Politbüros des

Erich Honecker, früherer Generalsekretär der SED und Vorsitzender des Nationalen Verteidigungsrates der DDR (NVR), vor Gericht

ZK der SED, der frühere Minister für Nationale Verteidigung Heinz Keßler (71) wurde angeklagt wegen 34 Fällen in der Zeit ab 23. Oktober 1969. Dem früheren Chef des Hauptstabes der Nationalen Volksarmee und Sekretär des NVR Fritz Streletz (65) und dem früheren Ersten Sekretär der Bezirks- und Bezirkseinsatzleitung Suhl der SED Hans Albrecht (72) wurden 26 Fälle ab 14. Juli 1974 zur Last gelegt. Bei allen ging es um die Ausübung ihrer Ämter im NVR der DDR. Tatvorwurf waren die Todesschüsse an der Berliner Mauer und an der innerdeutschen Grenze sowie die maßgebliche Beteiligung an der Errichtung und dem nachfolgenden Ausbau der Grenzsperranlagen.

Diese sechs Angeklagten waren für die Staatsanwaltschaft die wichtigsten, weil sie bis zum Ende der DDR im Amt waren. Der in Strausberg bei Berlin tagende NVR war ein selbstständiges, in der Verfassung der DDR verankertes oberstes Führungsorgan der Landesverteidigung mit militärischer Kommandogewalt über alle bewaffneten Kräfte der DDR. In Durchführung der Beschlüsse des NVR wurden die Sperranlagen fortlaufend ausgebaut und unterhalten, sodass sie für Fluchtwillige möglichst unüberwindlich waren. An großen Teilen der Grenze zu Westdeutschland wurden Erd- und Splitterminen verlegt. Die an der Grenze zu West-Berlin postierten Grenzsicherungskräfte hatten den Befehl, „Grenzverletzer" notfalls durch gezielten Schusswaffeneinsatz an der Flucht zu hindern.

Wörtlich hieß es in der Anklageschrift: „Am 12. August 1961 ordnete der Angeschuldigte Honecker als Sekretär des NVR und Sekretär für Sicherheitsfragen beim Zentralkomitee der SED an, die Grenzanlagen um Westberlin und die Sperranlagen zur Bundesrepublik Deutschland auszubauen, um ein Passieren unmöglich zu machen. Diese Entscheidung trugen die Angeschuldigten Mielke und Stoph als Mitglieder des NVR mit. Der Angeschuldigte Stoph nahm am Abend des 12. August 1961 die erforderlichen Einweisungen in die bevorstehenden Maßnahmen vor. Dementsprechend wurden in den frühen Morgenstunden des 13. August 1961 die Sperranlagen errichtet, wobei die Grenzposten in der Folgezeit verpflichtet waren, auf Flüchtlinge auch mit tödlicher Wirkung zu schießen. In der Folgezeit liefen bei dem Angeschuldigten Honecker Informationen über erfolgreiche sogenannte Grenzdurchbrüche von Ost nach West ein. Daraufhin ordnete der Angeschuldigte Honecker am 20. September 1961 im Beisein des Angeschuldigten Mielke an, gegen ‚Verräter und Grenzverletzer' die Schusswaffe anzuwenden und ein ‚Beobachtungs- und Schussfeld' in der Sperrzone zu schaffen."[115] Ein besonderer Vorwurf lautete, Erich Honecker habe am 3. Mai 1974 persönlich erklärt, von der Schusswaffe müsse rücksichtslos Gebrauch gemacht werden.

Die Anklage beschränkte sich auf insgesamt 68 Fälle. Nach der Auflistung in der Anklageschrift wurden durch Grenzposten zwischen dem 14. Oktober 1961 und dem 5. Februar 1989 an der Berliner Mauer bei Fluchtversuchen nach West-Berlin insgesamt 36 Fluchtwillige, überwiegend junge Leute zwischen 18 und 25 Jahren, erschossen. Es begann mit dem 24 Jahre alten Werner Probst, der am 14. Oktober 1961 schwimmend im Bereich der Schillingbrücke zwi-

115 Anklageschrift der Staatsanwaltschaft bei dem Kammergericht vom 12.5.1992, AZ 2 Js 26/90

schen Friedrichshain und Kreuzberg erschossen wurde. Der letzte Mauertote war der am 5. Februar 1989 im Stadtbezirk Treptow im Bereich der Britzer Allee 20/Straße 16 erschossene Chris Gueffroy. Zwei Fälle benannte die Anklage an der innerdeutschen Grenze im Bereich Nordhausen und im Kreis Heiligenstadt. Zur Tötung oder Verletzung von Fluchtwilligen durch Minendetonationen listete die Anklage 30 Fälle auf zwischen 3. November 1963 und 5. September 1984.

Mit der Anklage (783 Seiten) hatte die Staatsanwaltschaft 23 Leitzordner Hauptakten mit Sitzungsprotokollen des NVR, Befehlen der Grenztruppen usw., 46 Ordner Beistücke, 65 Ordner Akten über Einzelverfahren und acht Bände Sonderakten eingereicht. Bevor die Anklage Erich Honecker auf diplomatischem Weg in der Botschaft der Republik Chile in Moskau zugestellt werden konnte, wollten zunächst die russische und die chilenische Regierung die Anklage prüfen. Dem Gericht wurde bekannt, dass die Bundesregierung nichts unversucht lassen werde, um Erich Honecker den deutschen Behörden zur Durchführung eines rechtsstaatlichen Verfahrens ausliefern zu lassen. Da die Russische Föderation unter ihrem Präsidenten Boris Jelzin kooperativ war, wurde der ehemalige Staatsratsvorsitzende Erich Honecker tatsächlich am 29. Juli in einem russischen Flugzeug nach Berlin überstellt. Noch an Bord wurde er festgenommen und in die Untersuchungshaftanstalt Moabit überführt.

Ich erinnere mich gut an den 30. Juli 1991. Um 11.00 Uhr wurde Erich Honecker in den leicht abgedunkelten Schwurgerichtssaal gebracht. Er trug einen Staubmantel, einen hellen Anzug, eine rote Krawatte.

Seinen Hut hatte er in der Hand. Er blinzelte unsicher durch die Brille. Es muss für ihn ein schmerzhaftes Déjà-vu gewesen sein. 1935 war er als 23-Jähriger ebenfalls in Moabit angeklagt worden und blieb dort eineinhalb Jahre in Haft, bis er vom Volksgerichtshof als Kommunist wegen Hochverrats zu zehn Jahren Zuchthaus verurteilt wurde. In Anwesenheit seines Verteidigers Rechtsanwalt Friedrich Wolff und eines Vertreters der Staatsanwaltschaft wurde ihm nun der Haftbefehl verkündet. Honecker erklärte, er habe nicht die Absicht, sich zu äußern. Der Termin dauerte genau sieben Minuten. Bereits am gleichen Tag wurde der Gerichtsmediziner Prof. Volkmar Schneider mit einem Gutachten zur Frage der Verhandlungsfähigkeit des an Krebs erkrankten Angeklagten und über den zu erwartenden Krankheitsverlauf beauftragt. Er sollte die vorhandenen Krankenunterlagen, das hohe Alter, die völlig neue Situation des Beschuldigten (nicht mehr Staatsratsvorsitzender, sondern Häftling) und eine zu erwartende mindestens zweijährige Verhandlungsdauer berücksichtigen. Als Onkologe wurde Prof. Dr. Kirstaedter und als Psychologe der Gerichtspsychiater Dr. Werner Platz eingeschaltet. Es ging auch um die Frage, ob Erich Honecker infolge der nicht optimalen Betreuung in der Haftanstalt seinem Krebsleiden erheblich früher erliegen könnte, als das bei Abbruch des Verfahrens der Fall sei.

Die umstrittene Rechtsfrage lautete, liegt ein zur Einstellung des Verfahrens führendes Prozesshindernis erst dann vor, wenn die Prognose sicher ist, der Beschuldigte werde aufgrund einer schweren Erkrankung die zu erwartende Hauptverhandlung nicht in verhandlungsfähigem Zustand durchstehen, oder reicht eine hohe Wahrscheinlichkeit dafür aus. Das Bundesverfassungsgericht hat für einen solchen Fall erarbeitet, dass dem Beschuldigten gerade durch die Abwicklung der Hauptverhandlung eine konkrete Lebensgefährdung oder schwerwiegende Gesundheitsgefährdung drohen muss. Nach den eingeholten Gutachten lag keine sehr hohe Wahrscheinlichkeit dafür vor, dass die Hauptverhandlung gegen Erich Honecker wegen seiner Erkrankung nicht durchgeführt werden konnte. Es war inzwischen der ärztliche Befund eines bösartigen Lebertumors gesichert. Mit der Eröffnung des Verfahrens am 22. Oktober 1991 wurde allerdings der Verfahrensstoff zum Zweck der Verkürzung der Hauptverhandlung beschränkt und sogleich ein neuer Haftbefehl verkündet. Noch am 2. November wurde der Onkologe Prof. Kirstaedter gehört.

Die Verteidigung geißelte das Verfahren als politischen Prozess, benutzte in Anlehnung an die Nürnberger Prozesse den infamen Begriff der Siegerjustiz und forderte, das Verfahren einzustellen, weil Erich Honecker dessen Ende nicht mehr erleben würde. Durch ständige Informationsweitergabe von Details über die medizinischen Gutachten an der Presse verstand es die Verteidigung, ein Klima zu erzeugen, in dem Beobachter den Eindruck gewinnen konnten, dass in Moabit ein unmenschliches Verfahren gegen einen Todkranken inszeniert werde. Die Öffentlichkeitsarbeit der Verteidigung war perfekt, die Justiz wusste dem nichts entgegenzusetzen. Die Staatsanwaltschaft meinte, sich damit in der Öffentlichkeit nicht auseinanderzusetzen müssen. Meine Versuche, die Situation in ein objektives Licht zu rücken, erzeugten immer wieder prozessuale Schwierigkeiten.

Am 12. November 1992 konnte ich um 9.30 Uhr im großen Schwurgerichtssaal die Hauptverhandlung eröffnen. Einen Tag zuvor hatte mir das Bundesverfassungsgericht einen Beschluss zugestellt und mich im Wege der einstweiligen Anordnung angewiesen, einem von den öffentlich-rechtlichen und einem von den privaten Fernsehanstalten gestellten Fernsehteam (eine sogenannte Pool-Lösung) vor Beginn und nach dem Ende der Verhandlung das Filmen im Gerichtssaal in angemessenem Umfang zu gestatten, und zwar vor dem Beginn der Verhandlung auch in Anwesenheit des Angeklagten Honecker. Ich beabsichtigte, vor dem Saal, aber nicht im Saal das Fernsehen in dieser Weise zuzulassen, um mich nicht dem Vorwurf auszusetzen, einen Schauprozess führen zu wollen. Im Vorfeld war ich bereits von linker Seite als „Kommunistenfresser“ und wegen meiner journalistischen Beiträge in der Berliner Morgenpost zu Fragen der Rechts- und Justizpolitik und der Berlin- und Deutschlandpolitik angegriffen worden. Ein Thema, das in den Ablehnungsanträgen der Verteidigung wegen der Besorgnis der Befangenheit später seinen Niederschlag fand.

Wegen der eingeschränkten Verhandlungsfähigkeit und um jede Gefährdung auszuschließen, hatte ich die dauernde Anwesenheit eines Notarztes sichergestellt. Erich Honecker notierte: „Es waren auch viele Freunde und Genossen erschienen. Diese Solidarität ermutigte. Sie riefen, ich verstand aber nichts wegen der Journalisten mit den Kameras, die sich gegenseitig anbrüllten. Ich grüßte meine Genossen mit erhobener Faust.“[116] Wer nicht erschien, war Willi Stoph.

116 Erich Honecker, Letzte Aufzeichnungen für Margot, S. 138, Edition Ost, Berlin 2012

Er war vom Kammergericht mit der Untersuchungshaft verschont worden. Nach amtsärztlicher Untersuchung wurde das Verfahren gegen ihn am zweiten Verhandlungstag abgetrennt. Ebenfalls abgetrennt wurde das Verfahren gegen den 84 Jahre alten Erich Mielke, weil zu befürchten war, dass er nicht in zwei parallel stattfindenden Verfahren verhandlungsfähig war. Auf Wunsch des Vorsitzenden der 23. Strafkammer sollte das dort weit fortgeschrittene Verfahren wegen des Doppelmordes von 1931 am Bülowplatz nicht gefährdet werden. So kam es zu dem absurden Ergebnis, dass Erich Mielke zwar für weit in der Vergangenheit liegende Morde zu einer Freiheitsstrafe von sechs Jahren verurteilt wurde, sich aber niemals für das von ihm in der DDR begangene Unrecht verantworten musste. Die vorläufige Abtrennung des Verfahrens gegen ihn hatte den Vorteil, dass der Verfahrensstoff nochmals auf wenige Einzelfälle verkürzt werden konnte.

Die Hauptverhandlung gegen Erich Honecker wurde von den Verteidigern mit großem Störfeuer begleitet. Schon am zweiten Tag wurde gegen mich das erste Befangenheitsgesuch angebracht. Es folgten Besetzungsrügen, Einstellungsanträge, eben alles, was die Strafprozessordnung zur Verfügung stellt, um ein Verfahren zu verzögern oder ganz zu verhindern oder um zumindest „Munition" für eine spätere Revision zu erlangen. Vergeblich wurden Verjährung und Amnestie eingewandt. Weder Honecker noch Keßler waren durch Immunität vor einer strafrechtlichen Verfolgung gestützt. Sie waren schon deshalb nicht als Repräsentanten eines fremden Staates anzusehen, weil die DDR zu diesem Zeitpunkt nicht mehr bestand. Auch aus dem Völkerrecht ergaben sich keine

Hindernisse. Die sogenannte „Act of State Doctrine“ ist keine allgemeine Regel des Völkerrechts, sodass die Auslegung innerstaatlichen Rechts nicht betroffen ist. Rechtsanwalt Ekkehard Plöger, Vertreter der Nebenklägerin, der Mutter des an der Mauer erschossenen Chris Gueffroy, verzögerte das Verfahren mit dem absurden Antrag, die Identität von Erich Honecker zu überprüfen, die Russen hätten einen anderen Mann untergeschoben. In Wahrheit würde sich Erich Honecker seines Lebens am Schwarzen Meer erfreuen. Die Berliner Zeitung vom 19. November 1992 schrieb, der richtige Honecker sitze „… derweil in Chile bei seiner Margot“. Honecker selbst bemerkte dazu: „Ein Anwalt der Nebenklage heißt Plöger, wie mir Rechtsanwalt Becker sagte. Ein Wichtigtuer. Das ist wirklich Theater. Aber Schmiere.“[117] Der Verteidiger Rechtsanwalt Nicolas Becker erörterte schließlich vor allem Publikum in öffentlicher Verhandlung in Gegenwart seines Mandanten die Entwicklung von dessen Krankheit und behauptete, sein Mandant befinde sich wegen des Leberkrebses in seiner letzten Lebensphase, er sei dem Tod sehr nahe. Das war für alle Beteiligten keine einfache Situation.

Immerhin konnte Oberstaatsanwalt Christoph Schaefgen am sechsten Verhandlungstag, dem 30. November, die Anklage verlesen. Am 3. Dezember machte dann Erich Honecker (dunkelblauer Anzug, weißes Hemd, roter Schlips) von seinem Recht zur Äußerung Gebrauch und verlas eine 26 Seiten umfassende Erklärung, die damit begann, er werde dieser Anklage und diesem Gerichtsverfahren nicht den Anschein

117 Erich Honecker, Letzte Aufzeichnungen für Margot, S. 138

des Rechts verleihen, indem er sich gegen den offensichtlich unbegründeten Vorwurf des Totschlags verteidige. Verteidigung erübrige sich auch, weil er das Urteil nicht mehr erleben werde. Die Strafe, die das Gericht ihm offensichtlich zudenke, werde ihn nicht mehr erreichen. Ein Prozess gegen ihn sei schon aus diesem Grunde eine Farce, er sei ein politisches Schauspiel. Dann schließlich kam er zur Sache: Niemand in den alten Bundesländern, einschließlich der

Frontstadt West-Berlin, habe das Recht, seine Genossen Mitangeklagten oder ihn oder irgendeinen Bürger der DDR wegen Handlungen anzuklagen oder gar zu verurteilen, die in Erfüllung staatlicher Aufgaben der DDR begangen worden seien. Er spreche allein, um Zeugnis abzulegen für die Ideen des Sozialismus. Anschließend rechtfertigte Honecker in einem geschichtlichen Abriss das Handeln der DDR-Organe, betonte, die DDR sei ein konsequent antifaschistischer Staat gewesen, der für sein Eintreten für den Frieden hohes internationales Ansehen besessen habe. Er schloss, dieser Prozess sei ein Siegerprozess, eine Fortsetzung des Kalten Krieges, ein Nürnberger Prozess gegen Kommunisten.[118]

Der Vortrag ließ nicht ein Fünkchen Einsicht in das ihm vorgeworfene Unrecht erkennen. Er hörte sich an wie eine Rechtfertigungsrede vor dem ZK der SED. Schwäche, Krankheit oder Todesnähe waren Honecker nicht anzumerken. Die Presse kommentierte am nächsten Tag die Uneinsichtigkeit des Angeklagten. Man hatte wohl auch nichts anderes erwarten dürfen. In der F.A.Z. berichtete Jacqueline Hénard: „Hone-

118 Dokumentiert bei Uwe Wesel, Ein Staat vor Gericht, a.a.O., S. 64 ff.

cker sprach zunächst im nuschelnden Singsang, später immer lauter und deutlicher … Honeckers Rede verliert viel durch seinen Vortragsstil. Es ist mühsam, seinem Vorlesen zuzuhören. Nur die Mitangeklagten folgten ihm gespannt."[119] Die Gerichtsreporterin des Spiegel Gisela Friedrichsen schrieb: „Was der alte kranke Mann sagte, ist zum großen Teil unsinnig und grotesk und für die Ohren mancher aus einfühlbarem Grund auch unerträglich."[120] Nicht besser war die Einlassung des ehemaligen Verteidigungsministers Heinz Keßler am 7. Dezember. Er berief sich ebenfalls auf die konsequente Durchsetzung antifaschistischer Ziele. Alles, was er sagte, klang schwerfällig und dienstlich. Er sei als Antifaschist, Sozialist zum Kommunisten geworden und deshalb stehe er jetzt vor Gericht. Schon unter Hitler sei er zum Tode verurteilt worden.

MAUERBAU

Jeder Versuch, Erich Honecker mit historischen Tatsachen und seiner Beteiligung beim Mauerbau 1961 zu konfrontieren oder Heinz Keßler zu Organisationsdetails zu befragen, schlug fehl. Entweder meldeten sich Vertreter der Nebenklage oder die Verteidiger zu Wort. Im Kern ging es immer darum, das Verfahren gegen Honecker müsse beendet werden, weil er die Verkündung des Urteils ohnehin nicht erleben würde. Erst am 14. Dezember kam das Verfahren etwas in Fahrt, weil der dritte Angeklagte Fritz Streletz – als Sekre-

119 Dokumentiert bei Friedrich Wolff, Verlorene Prozesse 1953 – 1998, a.a.O., S. 331

120 Dokumentiert bei Friedrich Wolff, S. 332

Die DDR begann am 13. August 1961 mit dem Bau der Mauer, die West-Berlin umschloss. Am Brandenburger Tor war die Befestigung besonders stark, angeblich um einen Durchbruch zu verhindern.

tär des NVR – sichtlich bemüht war, einen Beitrag zur Wahrheitsermittlung zu leisten. Er sprach soldatisch zu den Themen Grenze, Schusswaffengebrauch und Minenfelder, leugnete natürlich wie alle Angeklagten einen Schießbefehl, gab aber Aufschluss über die Organisationsstrukturen und Befehlsketten sowie über den Ablauf der Sitzungen im NVR.

Zum Sitzungstag am 14. Dezember hatte der Verteidiger Rechtsanwalt Nicolas Becker seine Frau mitgebracht, die ihm als Sekretärin assistieren sollte. Was er dem Gericht nicht sagte, war, dass es sich bei seiner Frau um die Schriftstellerin Irene Dische handelte, die später unerlaubt über einen nichtöffentlichen Teil der Sitzung im Magazin The New Yorker berichtete. Aufgedeckt wurde die Sache am 18. Januar 1993 in einem Artikel der Washington Post, abgedruckt in der

Herald Tribune. Irene Dische durfte als Schreibkraft für Rechtsanwalt Becker im Saal bleiben, als es um medizinische Gutachten, Röntgenbilder, CT-Aufnahmen und die Krankengeschichte von Erich Honecker ging. Der Radiologe Prof. Taenzer erklärte im Gerichtssaal, wie weit der bösartige Lebertumor bereits gewachsen sei, die Wachstumsgeschwindigkeit gebe Erich Honecker möglicherweise „nur noch drei bis sechs Monate", also keine sichere Prognose. Die Haftfähigkeit aber wurde weiter bejaht. Dabei kam es zu einer fast lächerlichen Szene, weil der von Rechtsanwalt Ekkehard Plöger herbeizitierte Prof. Julius Hackethal die Ansicht vertrat, es handele sich „um einen harmlosen Fuchsbandwurm". Am 15. Dezember 1992 erstattete Prof. Dr. Volkmar Schneider das Gutachten in der öffentlichen Verhandlung unter Einbeziehung der Gutachten des Radiologen Prof. Taenzer, des Psychiaters Dr. Werner Platz und des Onkologen Prof. Dr. Kirstaedter. Er zitierte Letzteren: „Die Lebenserwartung mag bei aller Schwierigkeit der Einschätzung einer solchen Frage ab 4. Dezember 1992 bei drei bis sechs Monaten liegen."[121]

Am 21. Dezember kam es zur entscheidenden Sitzung. Es war die letzte Sitzung vor Weihnachten, die Verteidigung Honeckers rechnete offensichtlich mit dessen Entlassung. Ein Flugzeug stand in Tegel zum Abflug nach Chile bereit. Die Staatsanwaltschaft hatte sicherheitshalber vor einer anderen Strafkammer eine weitere Anklage wegen Veruntreuung erhoben und einen Haftbefehl erwirkt und lehnte eine Einstellung des Verfahrens wegen der noch unsicheren Prognose für Erich Honecker ab. Rechtsanwalt Plöger stellte ei-

121 Dokumentiert bei Friedrich Wolff, S. 334

nen neuen Befangenheitsantrag gegen mich, der allerdings abgelehnt wurde. Die Verteidigung beantragte eine rechtsstaatliche Entscheidung, berief sich auf die Menschenwürde und rückte die Staatsanwaltschaft in die Nähe des Nationalsozialismus.

Während der langen Beratungspause unterlief mir ein für mich verhängnisvoller Fehler. Während der vielen Pausen hatte ein Ergänzungsschöffe erfahren, dass Erich Honecker während der Haft einer Vielzahl von Autogrammwünschen nachgekommen war. Über die vom Gericht kontrollierte Gefangenenpost waren Bücher, Bilder und vieles mehr eingegangen, Honecker hatte alle Bücher und Bilder signiert. Der Ergänzungsschöffe fragte mich deshalb, ob der Angeklagte für ihn einen alten VEB-Stadtatlas von Berlin signieren könne. Er wolle ihn seinem Enkel zu Weihnachten schenken. Ich hätte ihm sagen müssen, er solle das Buch per Post in die Haft an Honecker schicken, das aber hätte bis Weihnachten nicht mehr funktioniert. Aus reiner Gutmütigkeit sagte ich deshalb, ich würde das Buch den Verteidigern geben, diese möchten es ablehnen oder ihren Mandanten fragen. In einer Pause ging ich hinaus auf den Gang zu den Verteidigern des Angeklagten. Ich bat um Vertraulichkeit, weil auch sonst nicht bekannt würde, wer Autogrammwünsche an den Angeklagten richte. Beim Gericht wurden keine Aufzeichnungen geführt. Der Ost-Berliner Anwalt Dr. Friedrich Wolff nahm das Buch entgegen, sicherte Vertraulichkeit zu und wollte die Sache erledigen. Der West-Berliner Rechtsanwalt Nicolas Becker erklärte, wenn hier schon jeder Wachtmeister ein Autogramm habe, könne auch der Ergänzungsschöffe eines bekommen.

Der Vertreter der Nebenklägerin Gueffroy, Rechtsanwalt Ekkehard Plöger, hatte den Vorgang beobachtet und fragte mich während der Verhandlung nach dem Inhalt meines Gesprächs, weil er eine Verfahrensabsprache zu Gunsten Erich Honeckers vermutete. Ich verließ mich auf die zugesicherte Vertraulichkeit der Absprache mit Honeckers Verteidigern. Nach meiner Erinnerung erklärte ich etwas verschlüsselt, ich hätte einen routinemäßigen Postvorgang erörtert, was Erich Honeckers Verteidiger durch Kopfnicken bestätigten.[122] Damit gab sich Rechtsanwalt Plöger zufrieden. Am Ende der Verhandlung, abends gegen 17.00 Uhr, fiel nach zäher und schwieriger Beratung die Entscheidung. Der Antrag auf Einstellung des Verfahrens wurde abgelehnt und die Haftfortdauer angeordnet. Nach der Jahreswende sollte ein neues Gutachten zur Prognose der Lebenserwartung eingeholt werden. Erich Honecker blieb in Haft. Sein Traum von Weihnachten in Chile war geplatzt.

Am 23. Dezember dann holte die Verteidigung zu ihrem Schlag aus. Sie stellten erneut einen Befangenheitsantrag: Erich Honecker könnte besorgt sein, ich könnte ihm gegenüber befangen sein. Zur Begründung führten die Verteidiger aus, sie hätten meine Bitte, für den Ergänzungsschöffen das Buch durch ihren Mandanten signieren zu lassen, als Zeichen angesehen, dass das Verfahren an diesem Tag beendet und Honecker an diesem Tag entlassen würde. Ich hätte bei meiner von Rechtsanwalt Plöger verlangten Erklärung, es hätte sich um eine Postsache gehandelt, nicht die Wahrheit gesagt. Um sich nicht mit dem Vorwurf

122 Bei Friedrich Wolff, Verlorene Prozesse, S. 338, heißt es: „eine Postfrage".

konfrontiert zu sehen, das Gesuch sei verspätet, erklärten sie, sie hätten den Vorgang ihrem Mandanten erst am nächsten Tag um 15.30 Uhr mitgeteilt. Erich Honecker hätte nun sein Vertrauen in die bürgerliche Justiz vollends verloren. Gezeichnet hatten den Ablehnungsantrag die West-Anwälte Wolfgang Ziegler und Nicolas Becker, nicht dagegen Friedrich Wolff. Er hat später in seinem Buch geschrieben, es habe ihm widerstrebt, ein vertrauliches Gespräch öffentlich zu machen und gegen seinen Gesprächspartner zu verwenden, letztlich habe er aber im Interesse des Mandanten dem Befangenheitsantrag zugestimmt, um mich zu entfernen.[123]

In dem Streit, ob Rechtsanwälte Organe der Rechtspflege oder Interessenvertreter ihrer Mandanten sind, hatte sich die letztere Auffassung zum wiederholten Mal Bahn gebrochen. Auch die Mandantin des Rechtsanwalts Ekkehard Plöger, die Mutter von Chris Gueffroy, hätte eigentlich an meiner Ablehnung kein Interesse haben dürfen. Gleichwohl stellte Plöger ebenfalls ein Ablehnungsgesuch wegen der Besorgnis der Befangenheit gegen mich und den Ergänzungsschöffen. Die Ereignisse überschlugen sich. Die Verteidiger Honeckers hatten sich entschlossen, den Berliner Verfassungsgerichtshof anzurufen. Das Kammergericht hatte alle Beschwerden gegen die Haftfortdauer verworfen, meinte aber, es sei sehr unwahrscheinlich, dass das Verfahren bis April 1993 abgeschlossen sein könnte. Im Hinblick auf die mit sehr hoher Wahrscheinlichkeit in Kürze weiter abnehmende Verhandlungsfähigkeit Honeckers würde sich das

123 Friedrich Wolff, Verlorene Prozesse 1953 – 1998, S. 334

Verfahren mindestens bis Ende 1993 hinziehen, so lange werde der Angeklagte mit an Sicherheit grenzender Wahrscheinlichkeit nicht leben. Diese Einschätzung unterstützte die auf Verletzung der Menschenwürde beruhende Eingabe beim Verfassungsgerichtshof. Am 4. Januar 1993 wurde die Verhandlung fortgesetzt. Die Nebenklage hielt nach anfänglicher Andeutung, ihr Ablehnungsgesuch zurückzunehmen, ihren Antrag aufrecht.

Am 5. Januar 1993 fiel die Entscheidung durch meinen Vertreter und ersten Beisitzer Richter am Landgericht Hans Boß, den zweiten Beisitzer und den hinzugezogenen Ergänzungsrichter. Der Beschluss lautete lapidar: „Die Ablehnungsgesuche sind begründet." Eine Begründung enthielt der Beschluss nicht. Mein Stellvertreter Hans Boß hatte die Tür zu meinem Dienstzimmer geöffnet und gesagt: „Sie sind abgelehnt." Auf meine Frage: „Mit welcher Begründung?" erhielt ich die Antwort: „Das braucht keine Begründung." Dann schloss er die Tür.

In der ohne mich und jetzt durch Hans Boß weitergeführten Verhandlung gab der Leitende Arzt des Haftkrankenhauses Dr. Rainer Rex plötzlich ein langes Gutachten mit dem Inhalt ab, die Fortdauer der Haft würde zu einer schweren Beeinträchtigung der Gesundheit des Angeklagten führen. Der Krankheitsverlauf würde sich beschleunigen.

Die Kammer beschloss darauf eine erneute Untersuchung und einen neuen Termin zum 14. Januar 1993. Am 12. Januar 1993 entschied dann der Berliner Verfassungsgerichtshof, die Entscheidungen des Kammergerichts und des Berliner Landgerichts über die Fortdauer der Haft würden aufgehoben, sie wür-

den die Grundrechte des Angeklagten auf Achtung der Menschwürde verletzen. Die weitere Haft, die den Zweck habe, die Durchführung eines geordneten Strafverfahrens zu gewährleisten und die spätere Strafvollstreckung zu sichern, könne seinen Zweck nicht mehr erfüllen, da der Angeklagte ein Ende des Prozesses (Ende 1993) mit an Sicherheit grenzender Wahrscheinlichkeit nicht mehr erleben werde. In der juristischen Literatur ist die Entscheidung fast einmütig negativ beurteilt worden. Der Berliner Verfassungsgerichtshof hatte in völliger Verkennung der Rechtslage eine nicht zu begründende eigene Zuständigkeit angenommen. Strafprozessrecht und Strafrecht sind Bundesrecht und kein Landesrecht. Nach überwiegender Rechtsansicht war die getroffene Entscheidung sowohl formal wie sachlich falsch. Die zum Tode führende Krankheit war kein Prozesshindernis, sondern ein Strafzumessungsgrund. Aber die Entscheidung war in der Welt und alles bemühte sich nun, sich des Problems Honecker zu entledigen.

Das Kammergerichr Berlin war Sitz des Alliierten Kontrollrats

Plenarsaal des Berliner Kammergerichts

Der Leiter des Haftkrankenhauses Dr. Rainer Rex fertigte sofort ein Attest über die Flugfähigkeit. Das Landgericht stellte noch am gleichen Tag abends außerhalb der Hauptverhandlung das Verfahren ein und hob den Haftbefehl auf, ohne das bestellte Gutachten und den 14. Januar abzuwarten. Am 13. Januar 1993 stellte auch die 14. Kammer das zusätzlich angestrengte Verfahren wegen Veruntreuung ein und hob seinen Haftbefehl auf. Mittags teilte die 27. Strafkammer mit, sie hätte den Beschwerden der Staatsanwaltschaft und der Nebenkläger gegen die Einstellung nicht abgeholfen; damit kam wieder das Kammergericht ins Spiel. Das Kammergericht hob noch am gleichen Tag den Einstellungsbeschluss auf. Er wurde Erich Honecker noch am Flughafen zugestellt, wohin ihn zuvor schon eine Polizeieskorte in einer Limousine begleitet hatte. Das Kammergericht unterließ es aber, Honecker sofort wieder verhaften zu lassen, obwohl die Fluchtgefahr mehr als konkret und akut war. Die Staatsanwaltschaft reagierte hilflos und teilte der Verteidigung nur mit, Erich Honecker müsse sich der Hauptverhandlung am 14. Januar stellen. Unbeeindruckt flog dieser in Begleitung von Klaus Feske[124] um 20.25 Uhr von Tegel ab nach Chile. Die notwendigen Buchungen hatte das Reisebüro *tuk* INTERNATIONAL und dessen Chef Klaus Eichler besorgt.[125] Gestorben ist Erich Honecker dort entgegen den Prognosen nicht im Jahr 1993, sondern am 29. Mai 1994. Einer erneuten Ladung der Kammer ist er selbstverständlich nicht gefolgt.

124 Klaus Feske war Sprecher des Komitees „Solidarität für Erich Honecker und alle verfolgten Kommunistinnen und Kommunisten".

125 Erich Honecker, Letzte Aufzeichnungen für Margot, a.a.O., Anm. S. 187 Ende

Das Hauptverfahren gegen die drei übrigen Angeklagten wurde mit der Beweisaufnahme fortgesetzt und am 16. September 1993 durch Urteil beendet. Keßler und Streletz wurden jeweils wegen Anstiftung zum Totschlag verurteilt. Keßler erhielt eine Freiheitsstrafe von siebeneinhalb Jahren und Streletz eine Haftstrafe von fünf Jahren. Der Angeklagte Albrecht wurde wegen Beihilfe unter Einbeziehung einer anderen Strafe zu viereinhalb Jahren Freiheitsstrafe verurteilt.

Das Urteil wurde durch Urteil des Bundesgerichtshofes vom 26. Juli 1994[126] rechtskräftig, allerdings mit der Maßgabe, alle drei Angeklagten seien nicht nur Anstifter oder Gehilfen, sondern Täter in der Rechtsform der mittelbaren Täterschaft. Gegen Albrecht wurde die Freiheitsstrafe auf fünf Jahre und einen Monat erhöht. Mit dem Urteil des BGH war für die Mitglieder des NVR und zugleich für die inzwischen angeklagten Mitglieder des Politbüros Egon Krenz und andere die Teilnahmeform geklärt. Auch sie waren nach dem Urteil nicht nur Anstifter oder Gehilfen – sie waren danach Täter! Und zwar in der Form der mittelbaren Täterschaft. Das Urteil des BGH war deutlich: Die Mitglieder des NVR Keßler, Streletz und Albrecht hatten durch ihre aktive Mitwirkung an entsprechenden Beschlüssen des Nationalen Verteidigungsrates den Auftrag an die Angehörigen der Grenztruppen gegeben und für die Zukunft festgelegt, ein unerlaubtes Überwinden der Grenze zwischen der DDR und der Bundesrepublik notfalls unter Anwendung der Schusswaffe zu verhindern. Durch diese Handlungen hatten die Angeklagten den Minister für Nationale Verteidi-

126 Urteil des BGH vom 26.7.1994 – AZ 5 StR 98/94

gung angehalten, die ihm nachgeordneten Militärs anzuweisen, den Gebrauch der Schusswaffe zur Verhinderung eines „Grenzdurchbruchs“ zu veranlassen.

Sämtliche Personen, die als Glieder zwischen den Angeklagten und den Schützen gewirkt haben, sind vorsätzlicher und rechtswidriger Straftaten schuldig. Untereinander hatten die Angeklagten bei ihrer Mitwirkung an den Beschlüssen nach DDR-Recht als Mittäter gehandelt, da sie diese gemeinsam getroffen haben. Die gegen die Angeklagten zu verhängenden Strafen waren dem Strafrahmen des DDR-Rechts zu entnehmen, der eine Freiheitsstrafe zwischen zehn bis fünfzehn Jahren vorsieht. Strafschärfungsgründe lagen nach DDR-Recht bei keinem der Angeklagten vor, ebenso wenig wie gesetzliche Strafmilderungsgründe. Insbesondere kam keine Strafmilderung in Betracht, da besondere Tatumstände, die die strafrechtliche Verantwortlichkeit mindern, nicht gegeben waren. Die Angeklagten befanden sich nicht in einer psychischen Zwangslage, deren Lösung die Tat dienen sollte. Eine derartige Zwangslage ließ sich insbesondere nicht im Verhältnis zu den Machthabern in der Sowjetunion als Rechtfertigungsgrund feststellen.

NICHT MEHR VERHANDLUNGSFÄHIG

DAS VERFAHREN GEGEN ERICH MIELKE

Bevor es zum ersten Prozess gegen Mitglieder des Politbüros kam, musste noch das zunächst abgetrennte Verfahren gegen Erich Mielke fortgesetzt werden. Auch hier meinten die Verteidiger des Angeklagten, die Rechtsanwälte Gerhard Jungfer und Dr. Stefan König, in meiner Person Gründe zu finden, die bei ihrem Mandanten die Besorgnis auslösen könnte, ich sei ihm gegenüber befangen. Die Ablehnungsgesuche wurden als unbegründet zurückgewiesen. In diesem Zusammenhang ist zu bemerken, dass sich die Rechtsprechung verschiedentlich mit impulsiven Reaktionen von Richtern im Zusammenhang mit Befangenheitsanträgen befasst hat. So hat das Kammergericht einmal ausgeführt, dass selbst ungeduldige, impulsive Reaktionen in der Hauptverhandlung

Erich Mielke war von 1957 bis 1989 Minister für Staatssicherheit in der DDR.

nicht nahelegen, der Vorsitzende sei nicht bereit, den Verfahrensstoff sachlich zu würdigen. Auch dem Richter sind menschliche Reaktionen nicht fremd, weil er ein Mensch bleibt, auch wenn er ein Amt bekleidet. Empfindungen wie Ärger, Zorn, Betroffenheit und Trauer, Ekel und Abscheu, Freude und Zufriedenheit sind Bedrängnisse, denen ganz notwendig auch der Richter ausgesetzt ist und die hin und wieder den Mantel der Selbstbeherrschung und Disziplin durchdringen.[127]

Im Verfahren gegen Erich Mielke konnten sehr schnell die Gutachten zur Frage der Verhandlungsfähigkeit vorgetragen werden. Insgesamt lagen dem Gericht zwölf ärztliche Stellungnahmen vor. Keinem Sachverständigen gegenüber hatte sich Erich Mielke freimütig geäußert. Alle waren sich einig, es könne ausgeschlossen werden, dass Mielke im Gerichtssaal zu irgendeiner sachlichen Mitarbeit in der Lage sein werde. Prof. Dr. Hochrein hatte „Hospitalismus“ festgestellt. Der forensisch erfahrene Facharzt für Neurologie und Psychiatrie Dr. Werner Platz diagnostizierte Störungen der Merk- und Konzentrationsfähigkeit. Eine fast skurril anmutende Geschichte veröffentlichte die Illustrierte Stern in ihrer Ausgabe Nr. 41 vom 1. Oktober 2020. Im Gutachten von Dr. Platz solle zu lesen gewesen sein, Mielke habe nachts im Traum gegen die Wand geschlagen und den Namen des Vorsitzenden Richters gerufen: „Herr Bräutigam, ich bin unschuldig.“

Nach sorgfältiger Abwägung aller Umstände und eingehender Beratung aller vorliegenden wissenschaft-

---

127 Beschluss des KG vom 21.12. 1988 – AZ (5) 1 Js 178/88 (28/88)

lichen Gutachten, insbesondere des Facharztes für Neurologie und Psychiatrie Edward Meyer, und des Gesamtbildes des Angeklagten, das er dem Schwurgericht in der Hauptverhandlung vermittelt hatte, konnte das Schwurgericht keine andere Entscheidung treffen als die, dass die Verhandlungsfähigkeit von Erich Mielke für dieses Verfahren nicht mehr gegeben war. Verhandlungsfähigkeit liegt schon dann nicht mehr vor, wenn die körperliche und geistige Überbeanspruchung dem Angeklagten den Überblick über die Komplexität eines Verfahrens und dessen Ergebnisse nimmt und es dem Angeklagten nicht möglich ist, den Verhandlungsstoff in einer von ihm nachzuvollziehenden Weise zu erörtern. Erich Mielke war fast 87 Jahre alt. Hinter der mühsam aufrechterhaltenen äußerlichen Fassade verbarg sich ein erschöpfter und gebrochener Mann. Es fehlte ihm offensichtlich die Fähigkeit, in diesem großen, eine ganze Lebensspanne umfassende Verfahren, seine Belange vernünftig wahrzunehmen und die Verteidigung zu steuern. Es wäre nicht möglich gewesen, das Maß seiner persönlichen Schuld in dem fast 40-jährigen Handlungsunrecht auszuloten. Das Verfahren ist daher am 3. November 1994 eingestellt worden.[128] Das Verfahren gegen Willi Stoph war schon am 21. Juli 1993 wegen dauerhafter Verhandlungsunfähigkeit eingestellt worden.

128 Beschluss des LG Berlin vom 3.11.1994 – AZ: 527 – 13/93

DIE VERANTWORTLICHEN DES GRENZREGIMES

DER ERSTE POLITBÜRO-PROZESS

Der erste Politbüro-Prozess ist zunächst mit Erinnerungen an zwei außerordentlich befähigte und kluge Juristen verbunden, die mir im Rahmen ihrer Referendarzeit zur Ausbildung in meine Arbeitsgemeinschaft für Strafrecht zugewiesen und schon damals aufgefallen waren. Einmal mein ehemaliger Beisitzer, Richter am Landgericht Josef Hoch, der den Politbüro-Prozess nach meinem frühzeitigen Ausscheiden fortgesetzt und erfolgreich zu Ende geführt hat. Später hat er als Vorsitzender Richter am Landgericht und am Kammergericht bedeutende Großverfahren geleitet. Er war noch keine 50 Jahre alt, als er zum Richter am Bundesgerichtshof in Karlsruhe gewählt wurde. Bei dem anderen handelt es sich um Rechtsanwalt Ferdinand von Schirach, der eine erfolgreiche Anwaltskarriere begonnen hatte und im Prozess als Verteidiger von Günter Schabowski auftrat. Heute ist er ein erfolgreicher und vielgelesener Schriftsteller.

Wie von Schirach in einem Interview mit dem Zeit Magazin berichtet hat, wurde ihm in der Nacht vor dem ersten Prozesstag anonym ein Papier unter der Kanzleitür durchgeschoben. Es handelte sich offensichtlich um den Abdruck meines Vortrags über das Thema „Glaubwürdigkeitsprobleme der Justiz", den ich im Juni 1993, also weit vor dem Verfahren, auf einer Studientagung der Evangelischen Notgemeinschaft in Deutschland e.V. zum Thema „Glaube und Glaubwürdigkeit – Zur Verantwortung des Christen in der Welt"[129] im Erfurter Augustinerkloster gehalten hatte. In ihm fand sich die Passage: „Heute steht die Justiz vor der unglaublichen Bewährungsprobe, das DDR-Unrecht aufzuarbeiten. Es obliegt wieder im Wesentlichen der Strafjustiz. Eine Ermittlungsgruppe bei der Berliner Polizei und bei der Staatsanwaltschaft bei dem Kammergericht ‚Regierungs- und Vereinigungskriminalität' soll die Verantwortlichkeit und Schuld der Großen ermitteln, sie anklagen und der Verurteilung zuführen. Erich Honecker, Erich Mielke, Willi Stoph, Egon Krenz und andere – nichts schien leichter, als ihnen den Prozess zu machen, so dachten wohl viele. Doch die Gleichung ist nicht aufgegangen." Von Schirach stellte noch am Morgen des Prozessbeginns im Namen seines Mandanten Schabowski einen Ablehnungsantrag wegen der Besorgnis der Befangenheit gegen mich. Eine Strafkammer des Landgerichts hielt meine Äußerung in dem besagten Vortrag über „Glaubwürdigkeitsprobleme der Justiz" zur Verwunderung vieler richterlicher Kollegen für ausreichend, um bei Günter Schabowski die begründete Besorgnis der Befangenheit auszulösen. Ich schied sofort aus. Mein Vertreter Josef Hoch und ein Ergänzungsrichter rückten nach.

Zwar begann am 13. November 1995 nach fast einem Jahr intensiver Vorbereitung das erste Verfahren

129 Abgedruckt im Beiheft Nr. 56 des Monatsblatts „Erneuerung und Abwehr" der Evangelischen Notgemeinschaft in Deutschland e.V., Renningen-Malmsheim 1993

gegen Mitglieder des Politbüros, gegen den letzten Staatsratsvorsitzenden Egon Krenz (58) Günther Kleiber (63), Horst Dohlus (74), Erich Mückenberger (85), Kurt Hager (82) und Günter Schabowski (65), aber er wurde sehr schnell unterbrochen. Der ebenfalls angeklagte ehemalige FDGB-Vorsitzende Harry Tisch war schon vor Beginn des Prozesses im Juni 1995 verstorben. Wegen der Erkrankung der Angeklagten Kleiber, Hager, Mückenberger und Dohlus schleppte sich das Verfahren immer wieder hin. Hager, Mückenberger und Dohlus schieden schließlich wegen Verhandlungsunfähigkeit aus.

Gegenstand des Verfahrens war auch hier der Tod von Flüchtlingen an der ehemaligen Grenze zwischen der DDR und der Bundesrepublik. Die DDR hatte in den Morgenstunden des 13. August 1961 die Berliner Sektorengrenze mit Stacheldraht und Barrikaden, später durch eine Mauer abgeriegelt. An der Grenze zwischen der DDR und der Bundesrepublik Deutschland wurden die bereits vorhandenen Sicherungsanlagen verstärkt, Minen gelegt und Selbstschussanlagen eingerichtet. Zahlreiche Fluchtversuche über die Grenze der DDR endeten für Flüchtlinge tödlich, weil sie auf Minen traten, in Selbstschussanlagen gerieten oder von Angehörigen der Grenztruppen zur Verhinderung der Flucht erschossen wurden. Ursprünglich waren 66 Fälle angeklagt, in denen Flüchtlinge getötet oder verletzt worden waren. Im Zuge der Hauptverhandlung beschränkte die Strafkammer aus prozessökonomischen Gründen mehrfach die Strafverfolgung, sodass Gegenstand des Verfahrens für den Angeklagten Krenz der Tatzeitraum vom 2. Februar 1984 bis zum 5. Februar 1989 und damit die Fälle 63 bis 66 der Anklage, für die

Angeklagten Kleiber und Schabowski der Tatzeitraum vom 11. Juni 1985 bis zum 5. Februar 1989 und damit die Einzelfälle 64 bis 66 der Anklage blieben.

Nach mehr als eineinhalb Jahren wurden im Juli und August 1997 endlich die Schlussvorträge gehalten. Am 25. August 1997 verkündete die Strafkammer 27 des Landgerichts Berlin nach 155 Verhandlungstagen ihr Urteil. Günther Kleiber wurde wegen dreifachen Totschlags zu drei Jahren Freiheitsstrafe verurteilt, desgleichen Günter Schabowski. Egon Krenz wurde wegen Totschlags und dreifachen Totschlags zu einer Freiheitsstrafe von sechs Jahren und sechs Monaten verurteilt.[130] Die Staatsanwaltschaft hatte für Krenz elf Jahre Freiheitsstrafe, für Schabowski neun Jahre und für Kleiber siebeneinhalb Jahre beantragt.

Die schriftlichen Urteilsgründe umfassen 376 Seiten und sind ein Dokument der Zeitgeschichte. In den Feststellungen sind die Lebensläufe der Angeklagten detailliert beschrieben. Umfassend zeigt das Urteil den geschichtlichen Hintergrund seit 1961 und berücksichtigt, dass die DDR während der gesamten Dauer ihres Bestehens nicht uneingeschränkt souverän in ihren Entscheidungen war. Sie war in den Block des Warschauer Pakts integriert, in dem die Sowjetunion keinen politischen Alleingang duldete. Die technische Durchführung der Grenzsicherung wurde mit sowjetischen Militärs kontinuierlich abgestimmt, blieb jedoch weitgehend der Entscheidung der DDR überlassen. Das Urteil gibt außerdem einen detaillierten Überblick über die Machtstrukturen in der DDR. Deutlich heißt es: „Das politische System

130 Urteil des LG Berlin vom 25.8.1997 – AZ (527) 25/2 Js 20/92 Ks (1/95)

in der DDR war eine Diktatur. Eine Gewaltenteilung existierte nicht. Die politische Macht war nicht auf verschiedene Träger verteilt, sondern ging von einem Herrschaftszentrum aus. Dieses umfassend und unkontrolliert herrschende Führungszentrum der DDR war das Politbüro des Zentralkomitees der SED.[131]"

Das Politbüro war das höchste Entscheidungsgremium der SED und damit das höchste Machtorgan der DDR. Jede grundsätzliche politische und wichtige personelle Entscheidung des Landes wurde im Politbüro gefällt. Das Politbüro befasste sich mit der Außen- und Sicherheitspolitik ebenso wie mit der Innen- und Wirtschaftspolitik. Es regelte grundlegende übergreifende Bereiche, aber auch Detailfragen. Es konnte jede Angelegenheit zur Entscheidung an sich ziehen. Seine Entscheidungen betrafen parteiinterne, staatliche, wirtschaftliche und gesellschaftliche Fragen und hatten absolute Bindungswirkung für die Mitglieder der SED, deren Aufgabe es war, die Beschlüsse des Politbüros durch den vollständig instrumentalisierten Staatsapparat zu verwirklichen. Das Politbüro trat regelmäßig dienstags um 10.00 Uhr zusammen. Die Sitzungen dauerten mehrere Stunden, in denen eine umfangreiche Tagesordnung bewältigt werden musste, die zuvor vom Generalsekretär festgelegt worden war. Das Gremium arbeitete in der Regel nach Vorlagen, die aus dem Zentralkomitee-Apparat, aus untergeordneten Parteiorganisationen, von Sekretären aus dem Zentralkomitee, Ministerien, vom Ministerrat oder vom Nationalen Verteidigungsrat eingereicht worden waren. Der Weisungscharakter der Beschlüsse des

131 Urteil des LG Berlin vom 25.8.1997, ebd.

Politbüros war faktisch allumfassend. Die Beschlüsse wurden den Parteimitgliedern in den ausführenden Organen über den Parteiapparat zum Zwecke der Durchführung zur Kenntnis gebracht. Über die Umsetzung ließ sich das Politbüro regelmäßig berichten. Übersetzt heißt das: Nichts ging in der DDR ohne den Willen des Politbüros, nichts gegen seinen Willen.

Mit seiner Ernennung zum Politbüro-Mitglied wurde Egon Krenz im Herbst 1983 verantwortlich für die Abteilungen des Zentralkomitees für Sicherheitsfragen, Jugend, Sport, Staats- und Rechtsfragen sowie für die Jugendkommission beim Politbüro. Jeder Bericht und jede relevante Information wurden ihm vorgelegt. Günther Kleiber verdankte seine Zugehörigkeit zum Politbüro den von ihm bekleideten Ministerämtern und galt als Technik- und Wirtschaftsfachmann innerhalb des Gremiums. Günter Schabowski war Chefredakteur des Organs des Zentralkomitees der SED, der Zeitung Neues Deutschland, als er Kandidat des Politbüros und als solcher für Medienfragen zuständig wurde. Als er im November 1985 zum Ersten Sekretär der Bezirksleitung Berlin der SED ernannt wurde, fielen die Belange der Hauptstadt der DDR in seinen Verantwortungsbereich. Jedes Mitglied und jeder Kandidat des Politbüros war berechtigt, sich zu jedem Thema und zu jeder Vorlage zu äußern. Es gab keine Beschränkung auf bestimmte Themen- oder Zuständigkeitsbereiche. Kritische Äußerungen waren möglich und wurden in Diskussionen auch vorgetragen. Der Betreffende musste nicht befürchten, seinen Sitz im Politbüro zu riskieren, wenn er sich unbequem äußerte.

Den Nationalen Verteidigungsrat hatte sich das Politbüro geschaffen, um in den Bereichen Sicherheit,

Militär, Grenzsicherung und Landesverteidigung über ein mit Befehlsgewalt und Rechtssetzungsbefugnis versehenes staatliches Befehlsorgan zu verfügen. Bis in alle Einzelheiten schildert das Urteil den Befehlsweg für die Grenztruppen vom Befehl Nr. 101 des Chefs der Grenztruppen bis zum Befehl Nr. 20, mit dem die Kommandeure der einzelnen Grenzregimenter diesen umsetzten. Sämtliche Handlungen der Grenztruppen, also auch die Verminung des Grenzgebietes und die Anwendung der Schusswaffe gegen Flüchtlinge, beruhten auf dieser Befehlskette. Das Grenzregime wurde in allen Einzelheiten mit Erdminen, Selbstschussanlagen, Panzersperren und Wachhunden beschrieben. Die Splitter der Selbstschussanlagen verursachten durch ihre unregelmäßige Form und ihre Anzahl schwerste Verletzungen, die in vielen Fällen tödlich waren. Der Dienst an der Grenze war strikt geregelt. An der grundsätzlichen Befehlslage, nämlich der Anordnung, auf einen „Grenzverletzer" zur Verhinderung des „Grenzdurchbruchs" zu schießen, selbst wenn dieser dabei getötet werden konnte, änderte sich bis zum Jahre 1989 nichts.

Bei gewaltsam verhinderten „Grenzdurchbruchsversuchen", insbesondere mit Todesfällen, wurde der Verteidigungsminister unabhängig von der Tages- oder Nachtzeit sofort in Kenntnis gesetzt. Als zuständiger Sekretär der Abteilung für Sicherheitsfragen erhielt auch Egon Krenz die Meldung zur Kenntnis. Parallel informierten die Kommandeure des betroffenen Grenzkommandos die jeweils zuständigen Ersten Sekretäre der SED-Bezirksleitung. Dies war bei Vorfällen in Berlin seit dem 25. November 1985 der Angeklagte Schabowski. Die Mitglieder des Politbüros erhielten als solche keine gesonderten Meldungen über einzelne Grenzvorfälle, wurden jedoch regelmäßig durch Umlaufmappen des Generalsekretärs informiert. Ihnen war bekannt, dass die praktizierte Form der Grenzsicherung im westlichen Ausland als menschenrechtswidrig angesehen und scharf kritisiert wurde. Das intensive Medienecho auf die Tötung des Flüchtlings Chris Gueffroy am 5. Februar 1989 führte dazu, dass Egon Krenz Anfang April 1989 eine Veränderung der Schusswaffenanwendungspraxis herbeiführte, als er Erich Honecker in dessen Abwesenheit als Generalsekretär vertrat. Diese Feststellungen wurden durch die ausführlich wiedergegebene Beweisaufnahme mit den Einlassungen der Angeklagten, den Bekundungen der Zeugen und den vielen verlesenen Urkunden, besonders der Sitzungsprotokolle des Politbüros, belegt.

Das Revisionsurteil des BGH vom 26. Juli 1994 und das Urteil des Bundesverfassungsgerichts im November 1996 im NVR-Verfahren hatten das laufende Verfahren gegen die Mitglieder des Politbüros geebnet. Die Tötung Unbewaffneter sei ein „offensichtlicher, unerträglicher Verstoß gegen völkerrechtlich geschützte Menschenrechte“ gewesen.[132] Ein Verstoß gegen das Rückwirkungsverbot des Grundgesetzes liege nicht vor. Der Bundesgerichtshof hat am 8. November 1999 auch das Urteil gegen die Mitglieder des Politbüros bestätigt. Ausführlich hat auch der Bundesgerichtshof dargestellt, dass in der DDR alle Macht vom Politbüro des Zentralkomitees der SED ausging, von einem umfassend und unkontrolliert herrschenden Führungszentrum. Das Politbüro erhob für alle Bereiche der DDR

132 Urteil des BGH vom 26.7.1994 – AZ 5 StR 98/94, BVerfG NJW 1997, S. 929

einen Alleinführungsanspruch, den es sich in Artikel 1 Absatz 1 der Verfassung gesichert hatte.

Das Politbüro war das höchste Entscheidungszentrum der SED und damit das höchste Machtorgan der DDR. Die Mitglieder des NVR und des Politbüros hatten in der juristischen Form der mittelbaren Täterschaft vorsätzlich getötet. Als Mitglieder des Nationalen Verteidigungsrates waren sie Angehörige eines Gremiums, dessen Entscheidungen zwingende Voraussetzungen für die grundlegenden Befehle waren, auf denen das Grenzregime der DDR beruhte. Sie wussten, dass die auf den Beschlüssen des Nationalen Vereidigungsrats beruhenden Befehle ausgeführt wurden. Die Meldungen über durch Minen und Schüsse getötete und verletzte Flüchtlinge lagen ihnen vor. Die Ausführenden der Handlungen, die unmittelbar zur Tötung führten, hatten als Untergebene in einer militärischen Hierarchie gehandelt, in der ihre Rolle festgelegt war. Gleiches gilt für die Politbürobeschlüsse. Als Mitglieder des Politbüros der SED gehörten die Angeklagten dem Machtzentrum der DDR an, dessen Entscheidungen jedem staatlichen Handeln zugrunde lagen. Insoweit war in der Machthierarchie auch der Nationale Verteidigungsrat dem Politbüro untergeordnet, von dessen inhaltlichen Vorgaben er nicht hätte abweichen dürfen. Die Beschlüsse als Mitglieder des Politbüros waren Grundlage für sämtliche Entscheidungen, Anordnungen und Befehle der mit der Grenzsicherung betrauten staatlichen Organe. Zur Durchsetzung ihrer Entscheidungen nutzten die Angeklagten Organisationsstrukturen, die das Politbüro überwiegend selbst gestaltet hatte und an deren Aufrechterhaltung die Angeklagten kontinuierlich mitwirkten.

Die Angeklagten waren aufgrund ihrer jahrzehntelangen politischen Tätigkeit mit den Entscheidungsmechanismen innerhalb der DDR umfassend vertraut. Sie wussten, dass der mit ihren Beschlüssen ausdrücklich erteilte „Klassenauftrag" gegenüber den Grenztruppen, den Schutz der Grenze zu gewährleisten, dazu führte, dass die Grenzsoldaten weiterhin zur Fluchtverhinderung gegen Flüchtlinge die Schusswaffe anwenden würden. Es war ihnen klar, dass es zu neuen Todesfällen kommen würde. Über die Opfer der praktizierten Grenzsicherung waren sie informiert. Sie wussten, dass ihre Vorgaben aufgrund der bestehenden Strukturen durch die Grenzsicherungsorgane ausgeführt und die von den jeweiligen Grenzsoldaten in den betroffenen Abschnitten zu treffenden Entscheidungen keine Hindernisse für die Verwirklichung der von ihnen gewünschten Grenzsicherung darstellen würden. Infolge der von ihnen ausgelösten regelhaften Abläufe waren sie Inhaber der Tatherrschaft.

Egon Krenz war an den Beschlüssen des NVR vom 2. Februar 1984 und 25. Januar 1985, gemeinsam mit Günther Kleiber und Günter Schabowski an den Beschlüssen des Politbüros vom 11. Juni 1985 und 11. ärz 1986 beteiligt gewesen, in denen jeweils der „Klassenauftrag" erteilt wurde, „Grenzverletzer" zu vernichten. Sie waren damit schuldig am Tod von Michael Bittner, der am 24. November 1984 im Bereich Glienicke/Nordbahn erschossen wurde, am Tod von Horst Schmidt, der beim Fluchtversuch am 1. Dezember 1984 im Stadtbezirk Pankow, nordwestlich Wollankstraße erschossen wurde, und am Tod Chris Gueffroys, der am 5. Februar 1989 im Stadtbezirk Treptow, Bereich Britzer Alllee/Straße 16 niedergeschossen wurde. Alle drei Opfer waren weniger als 25 Jahre alt.

Angesichts der gegen die Mitglieder des NVR und des Politbüros verhängten Strafen (Krenz sechseinhalb Jahre, Schabowski und Kleiber jeweils drei Jahre), verbietet sich der Vorwurf der Siegerjustiz von allein. Der Begriff der Siegerjustiz ist unhistorisch und polemisch zu gleich. Er geht auch deshalb fehl, weil für die Strafverfolgung konsequent das Strafrecht der DDR angewandt worden ist und die Grundlagen für die Strafverfolgung im Einigungsvertrag vom 30. August 1990 gelegt worden sind, der seine demokratische Legitimation aus den zustimmenden Abstimmungen in Bundestag und Bundesrat sowie in der letzten frei gewählten Volkskammer der DDR findet. Siegerjustiz sieht anders aus oder hätte anders ausgesehen!

In einem weiteren Verfahren sind die Mitglieder des Politbüros Hans-Joachim Böhme, Siegfried Lorenz und Herbert Häber verurteilt worden. Zu nennen sind auch die Verurteilungen des Chefs der Grenztruppen Dieter Baumgarten (sechseinhalb Jahre Freiheitsstrafe), und seiner Stellvertreter Karl Leonhard (drei Jahre und neun Monate) Günter Gabriel (dreieinhalb Jahre) sowie Heinz-Ottomar Thieme, Gerhard Lorenz und Dieter Teichmann (jeweils drei Jahre und drei Monate Freiheitsstrafe).[133]

Insgesamt hat die Berliner Staatsanwaltschaft aus einer Gesamtzahl von 6.432 Verfahren 112 Anklagen gegen 246 Beschuldigte des Grenzregimes erhoben. 126 Angeklagte wurden rechtskräftig verurteilt, davon

133 Urteil der Strafkammer 36 des LG Berlin vom 10.9.1996 – AZ 536-2/95; zur mündlichen Urteilsbegründung durch den Vorsitzenden Friedrich-Karl Föhrig siehe F.A.Z. vom 13.9.1996

acht Mitglieder der politischen und 38 der militärischen Führung sowie 80 Angehörige der Grenztruppen.[134] Kein Verurteilter der politischen und militärischen Führung hat seine strafrechtliche oder moralische Schuld eingestanden oder auch nur Einsicht gezeigt. Eine Ausnahme war der stellvertretende Kommandeur der Berliner Grenztruppen Günter Bazyli.[135]

Die Verurteilten und ihre in den Gerichtssälen immer wieder als Zuschauer anzutreffenden Anhänger betrachten sich bis heute als unschuldig. Während der Verhandlungen konnte gelegentlich der Eindruck entstehen, man sei in einer Parteiveranstaltung der SED. Auch Günter Schabowski und Günther Kleiber haben ihre strafrechtliche Schuld immer geleugnet.[136] Schabowski hat zwar seine moralische Schuld bekannt, sie aber zugleich als Blendung durch den Sozialismus bemäntelt und erklärt. Die unglaublich schnelle Begnadigung im Herbst 2000 von Günter Schabowski, Günther Kleiber und vor allem von Klaus-Dieter Baumgarten durch den Senat von Berlin hat nicht nur bei den Opfern der SED-Diktatur, sondern auch bei den für die Verurteilung verantwortlichen Richtern mehr als Kopfschütteln ausgelöst.[137] Diese „korrigierende Gnade" erinnerte an absolutistisches Fürstengehabe.

Fazit: Die Justiz stand nach der Wiedervereinigung beider deutscher Staaten vor der unglaublichen Herausforderung und Bewährungsprobe, das Un-

134 Zahlenangaben stammen von der Staatsanwaltschaft Berlin im September 2004

135 Roman Grafe, Die Grenze durch Deutschland, Eine Chronik von 1945 bis 1990, S. 480, Siedler Verlag, München 2002

136 Roman Grafe, Die Grenze durch Deutschland, a.a.O., S. 479 und 497

137 Friedrich-Karl Föhrig, Delegitimierende Gnade, in: Mitgliederzeitschrift des Landesverbandes Berlin des DRB 1/2000, S. 6; siehe auch Roman Grafe, Die Grenze, S. 496 ff.

recht der SED-Diktatur aufzuarbeiten. Soweit es um die Toten an der Berliner Mauer und an der innerdeutschen Grenze geht, erlaubt die Gesamtbilanz den Schluss, dass, gemessen an dem vorsätzlich begangenen schweren Unrecht und der Todesfolge für die Opfer, die Sanktionen gegen die Schützen, abgesehen von Exzess-Taten, überaus maßvoll ausgefallen sind. Überwiegend sind Bewährungsstrafen ausgesprochen worden. Man kann getrost von „symbolischem Strafrecht" sprechen. Das Unrecht ist überwiegend nur beurkundet, nicht geahndet worden. Ich muss immer wieder an den Satz der unvergessenen Bürgerrechtlerin Bärbel Bohley denken: „Wir wollten Gerechtigkeit, bekommen haben wir den Rechtsstaat."

Der Verfall des Rechtsstaats in der NS-Zeit und in der DDR hat zu selbstherrlichen Eingriffen der Machthaber in das Strafverfahren geführt und die Beschuldigten degradiert und zum bloßen Objekt des Strafverfahrens gemacht. Rechtsstaatliche Verfahrensgarantien – selbst wenn sie in Einzelfällen die Verurteilung eines Schuldigen verhindern – helfen in der

Die Bürgerrechtlerin Bärbel Bohley

Gesamtschau bei der Suche nach Wahrheit und Gerechtigkeit. Nach der Rechtsordnung der Bundesrepublik ist es nicht Ziel des Strafverfahrens, um jeden Preis ein Urteil zu erreichen. Vorrang hat die nicht leicht zu verstehende und nicht verstandene Justizförmigkeit. So hat das Verfahrenshindernis der Verhandlungsunfähigkeit ein Urteil nicht nur gegen Erich Honecker, Willi Stoph und Erich Mielke verhindert, auch gegen die ebenfalls angeklagten Politbüromitglieder Erich Mückenberger, Kurt Hager, Horst Dohlus mussten die laufenden Verfahren deshalb eingestellt werden. So haben die Opfer der SED-Diktatur erfahren müssen, dass Gerechtigkeit und Rechtsstaatlichkeit sich nicht immer entsprechen. Letztere hat immer Vorrang. Die Justiz leistet auch keine historische Forschung. So stand auch nicht der Sozialismus, die Diktatur oder das SED-Regime vor Gericht. Es geht und ging immer nur um die individuelle strafrechtliche Verantwortlichkeit der einzelnen Person, um ihre persönliche Schuld. Für die Täter des SED-Unrechts gilt kein Sonderrecht. Die Verfahren gegen die ehemaligen Funktionäre des SED-Staates waren für die Justiz ein mühsamer Lernprozess, strafrechtliche Maßstäbe zu finden, die an politisches Handeln anzulegen sind.

Soweit es die strafrechtliche Verfolgung der Tausenden hauptamtlichen Mitarbeiter der Staatssicherheit der DDR angeht, die ungezählte DDR-Bürger ausspioniert, unterdrückt, physisch und psychisch zerbrochen haben (das gilt auch für Mitarbeiter aus den Vollzugsanstalten der DDR), ist die Justiz völlig überfordert gewesen. Die Beweisführung war unglaublich schwer und es fehlte an personellen Ressourcen, um dieses Unrecht auch nur halbwegs angemessen zu verfolgen.

DER GELENKTE JUSTIZAPPARAT

Besonders kompliziert und für den Laien oft verstörend ist das Thema Rechtsbeugung. Ein bedeutendes Schwert der in ihren Anfangszeiten stalinistisch geprägten SED zur Durchsetzung der neuen sozialistischen Gesellschaftsordnung war neben dem Ministerium für Staatssicherheit der gelenkte Justizapparat. Speerspitze waren das bereits im Dezember 1949 in Ost-Berlin errichtete Oberste Gericht und die Oberste Staatsanwaltschaft. Richtungsweisende Bedeutung hatte das aus sämtlichen Mitgliedern des Obersten Gerichts bestehende Plenum. Es konnte seit Oktober 1952 über grundsätzliche Rechtsfragen und insbesondere „im Interesse einer einheitlichen Anwendung und Auslegung der Gesetze durch die Gerichte“ im Zusammenhang mit einer Entscheidung sogenannte Richtlinien mit bindender Wirkung für alle Gerichte erlassen. Rechtsanwendung war stets auf das Staatsziel der Verwirklichung einer sozialistischen Gesellschaft gerichtet.

DIE SED-GESTEUERTE JUSTIZ

RECHTSBEUGUNG IN DER DDR

Auf der sogenannten Babelsberger Konferenz im April 1958 an der Deutschen Akademie für Staats- und Rechtswissenschaften der Akademie der Wissenschaften der DDR sprach der damalige Staatsratsvorsitzende Walter Ulbricht deutlich aus, wozu die Justiz in der DDR zu dienen hatte: „Unsere Richter müssen begreifen, dass der Staat und das von ihm geschaffenen Recht dazu dienen, die Politik von Partei und Regierung durchzusetzen."[138] Das Oberste Gericht war kein Kontrollorgan der Staatsgewalt, sondern als Herrschaftsinstrument der SED zur Durchsetzung des Parteiwillens eingerichtet. Um das sicherzustellen, konnte der Generalstaatsanwalt jedes bei den Staatsanwaltschaften der Bezirke der DDR schwebende Verfahren an sich ziehen und vor dem Obersten Gericht zur Anklage bringen. Er konnte praktisch jedes politisch relevante Verfahren vor das Oberste Gericht bringen. Ein Angeklagter hatte damit kein Rechtsmittel zur Überprüfung eines gegen ihn erlassenen Urteils. Für die erstinstanzlichen Strafsachen gab es

138 https://www.geschkult.fu-berlin.de/e/tongilbu/publikationen/2015/band42/index.html

keinen festgelegten zuständigen Strafsenat. Stattdessen wurde in den nicht sehr häufigen Einzelfällen der 1. Strafsenat jeweils eingesetzt und mit je einem Oberrichter als Vorsitzenden und zwei Richtern besetzt, wobei dem Präsidenten oder Vizepräsidenten, wenn er sich dem Senat anschloss, der Vorsitz eingeräumt wurde. Die Zusammensetzung der Strafsenate wurde von Prozess zu Prozess bestimmt. Teilweise wurde auf Vorschlag des Politbüros des Zentralkomitees der SED mit eigens ausgewählten Vorsitzenden und Beisitzern verhandelt. Wurde vom Politbüro lediglich der Vorsitzende bestimmt, konnte der sich zwei Beisitzer aussuchen. In den fünfziger Jahren ist dann an einer Reihe politischer Schauprozesse besonders deutlich geworden, wie das Oberste Gericht als Herrschaftsinstrument der SED eingesetzt wurde.

Diese Schauprozesse dienten der „Bekämpfung des Klassenfeindes". Historiker gehen davon aus, dass von 1950 bis 1957 vor dem 1. Strafsenat insgesamt 41 Strafverfahren anhängig waren, in denen insgesamt 202 Personen angeklagt und 200 verurteilt wurden. Schwerpunkte waren jeweils die Verletzung des Artikels 6 der Verfassung und der Kontrollratsbestimmungen.[139]

Die bereits im März 1949 vom Volksrat verabschiedete und am 7. Oktober 1949 von der Provisorischen Volkskammer in Kraft gesetzte Verfassung des DDR enthielt den in den fünfziger Jahren zur Strafverfolgung eingesetzten berüchtigten Artikel 6. Neben der Bekundung von Glaubens-, Rassen- und Völkerhass sowie Kriegshetze benannte er auch „Boykotthetze gegen demokratische Einrichtungen und Organisatio-

139 Andreas Gängel, Das Oberste Gericht der DDR, in: Hubert Rottleuthner/ Andrea Baer, Steuerung der Justiz in der DDR, Köln 1994, S. 255, Anm. 7

nen ... und alle sonstigen Handlungen, die sich gegen die Gleichberechtigung richten", als „Verbrechen im Sinne des Strafgesetzbuches". Mit dieser Leerformel hatte sich die SED das Einfallstor geschaffen, durch entsprechende Auslegung alle Gegner der SED und jede Form von Opposition strafrechtlich zu verfolgen. Das Oberste Gericht bediente sich zusätzlich einer unzulässigen entsprechenden Anwendung der dafür nicht geschaffenen Alliierten Kontrollratsdirektive Nr.38, die zur Bekämpfung des Nationalsozialismus und des Militarismus geschaffen worden war.

Will man die von der SED gesteuerte Justiz kritisch betrachten, muss man zuvor einen Blick auf die Justiz im Dritten Reich werfen und wird feststellen, dass die Perversion einer Rechtsordnung kein automatischer Vorgang ist. Sie setzt skrupellose Machthaber voraus und wird durch gefügige Juristen ins Werk gesetzt. Die Rolle der Juristen in totalitären Systemen ist ein wesentlicher Aspekt der Aufrechterhaltung der Diktatur. Der Dramatiker Rolf Hochhuth nannte zum Beispiel den damaligen baden-württembergischen Ministerpräsidenten und ehemaligen Wehrmachtsrichter Dr. Hans Karl Filbinger wegen einiger Urteile aus dem Krieg und der Nachkriegszeit einen „furchtbaren Juristen". Filbinger stellte Strafantrag. Hochhuth wurde freigesprochen. Der Ministerpräsident musste zurücktreten. Filbinger war, wie dann nach und nach bekannt wurde, kein Einzelfall. Richter und Staatsanwälte haben während des Dritten Reiches NS-Gesetze angewendet und alte Gesetze im Sinne nationalsozialistischer Weltanschauung ausgelegt. Viele Beispiele belegen, dass Richter die sogenannten Nürnberger Gesetze, die Polenstrafrechtsverordnung und andere

Sondergesetze sogar verschärft ausgelegt und sich damit an der Vernichtungspolitik der Nationalsozialisten beteiligt haben.

Es ist bekannt, dass die Nationalsozialisten schon unmittelbar nach der Machtergreifung – welche Parallele zu 1945/46 – begonnen haben, gegen ihre Gegner mit allen Mitteln des Terrors und der Unterdrückung vorzugehen. Dass die deutsche Justiz dabei eine fatale Rolle gespielt hat, wird von niemandem mehr bestritten. Der Justizkritiker und ehemalige Oberlandesgerichtspräsident Rudolf Wassermann hat dazu in der Zeitung Die Welt vom 17.November 1995 formuliert: „Die Justiz ist durch die Vorliebe für Autorität, moralische Defizite unter den Richtern und Staatsanwälten und fehlende Zivilcourage zur Komplizin Hitlers geworden."[1401] Zu den abstoßendsten Erscheinungsformen der Staatsgewalt unter der Herrschaft des Nationalsozialismus zählt die Tätigkeit des Volksgerichtshofes unter der Leitung Roland Freislers. Eine Vielzahl von Todesurteilen wurde vom Volksgerichtshof gefällt und vollstreckt. Opfer waren Deutsche wie Ausländer, Männer und Frauen. Sie kamen aus allen Schichten der Bevölkerung.

Die Berliner Nachkriegsjustiz war aufgerufen, die Tätigkeit der Richter und Staatsanwälte am Volksgerichtshof nach den Grundsätzen des Rechtsstaates zu untersuchen. Doch trotz intensiver Bemühungen ist kein Richter des Volksgerichtshofes rechtskräftig verurteilt worden. Das sogenannte Rehse-Urteil erschütterte am 6. Dezember 1968 die gesamte Republik. Ein Jahr zuvor, am 3. Juli 1967, hatte ein Berliner Schwur-

---

140 Siehe hierzu Internet-Beiträge: Unrechtsrichter Dr. Reinwarth

gericht den richterlichen Beisitzer des nationalsozialistischen Volksgerichtshofes Rehse nach acht Verhandlungstagen zu fünf Jahren Zuchthaus verurteilt.[141] Der 5. Strafsenat des Bundesgerichtshofes kassierte das Urteil durch Beschluss vom 30. April 1968.[142] Dieser Beschluss bleibt ein schwarzer Fleck in der Geschichte des Bundesgerichtshofes und dokumentiert manifestes Versagen der deutschen Justiz bei der Aufarbeitung nationalsozialistischen Unrechts. In der Folge sprach

das Berliner Schwurgericht unter dem Vorsitz des damals 42-jährigen Kammergerichtsrates Dr. Oske den Richter des Volksgerichtshofes Hans-Joachim Rehse im Dezember 1968 von der Anklage wegen Mordes in drei Fällen und versuchten Mordes in vier Fällen rechtskräftig frei. Wegen des daraufhin losbrechenden Krawalls musste der Vorsitzende mit der Räumung des Saales drohen. Den eigentlichen Skandal jedoch lieferte der Vorsitzende mit der Urteilsbegründung. Dr. Oske fand neue Rechtfertigungen unter dem Gesichtspunkt, auch ein totalitärer Staat hätte ein Recht auf Selbstbehauptung. Ergebnis und Begründung waren für jeden, der an eine materielle Gerechtigkeit glaubt, unbefriedigend. Man kann von einem Trauerkapitel deutscher Justizgeschichte sprechen.

Die Rechtsentwicklung in Deutschland zwischen 1933 und 1945 hat deutlich gezeigt, dass Recht seine Funktion, Gerechtigkeit zu stiften und zu sichern, verlieren und zum Werk staatlichen Terrors entarten kann. Die jüngste deutsche Geschichte hat nun bewiesen, dass diese Erfahrung sich nicht auf den Nationalsozialismus beschränkt. Unter dem Deckmantel

---

141 AZ (500) 3P(K) Ks 1/67(5/67), dokumentiert in DRiZ 1967, S. 390 ff.
142 DRiZ 1968, S. 421

des Anspruchs, die allein für richtig gehaltene sozialistische Staats- und Gesellschaftsordnung durchzusetzen, baute das Politbüro der SED nach dem Ende des Zweiten Weltkrieges eine Staatsmacht auf, die notfalls auch solche Maßnahmen ergriff, die außerhalb rechtsstaatlicher Grundsätze eines demokratischen Rechtsstaates lagen. Nur auf diese Weise waren nach Meinung der Partei die „Interessen der Werktätigen" zu schützen. Nur so meinte man Verstößen einzelner Bürger gegen die Interessen des Staates wirksam begegnen zu können. Dieses Unrecht sollte nun nach 1990 aufgearbeitet werden und diese Aufarbeitung verlangte auch, sich mit dem verzerrten Berufsbild des Richters auseinanderzusetzen. Der Präsident des Bundesverwaltungsgerichts Prof. Dr. Fritz Werner führte 1968 in einem Festvortrag zum 500-jährigen Bestehen des Kammergerichts zu diesem Richterbild aus, Glanz und Elend des Richterberufes sei es, dass der Richter wie kaum jemand sonst Schicksal, Verstrickung und Schuld des Menschen Auge in Auge gegenübertritt. In diesem Beruf verbinden sich Einsamkeit und Freiheit im Gewand der richterlichen Unabhängigkeit. Dazu gehört die immer wieder schmerzliche Erkenntnis, dass Recht und Politik keine getrennten Welten sind.

In dem sog. Honecker-Verfahren vor der Strafkammer 27[143] lagen im Beistück „Politbüro-Protokolle" Inhaltsverzeichnisse zu den Politbürositzungen von März 1952 bis Mai 1956 vor. Über 30 verschiedene Eintragungen wiesen aus, dass sich das Politbüro als höchste Instanz für politische Fragen in vielen Sitzungen mit Strafverfahren und der Anleitung der Justiz

143 AZ des LG Berlin 527-9/74

beschäftigt hat. Zur Sicherung des Einflusses auf das Prozessgeschehen wurde der Generalstaatsanwalt der DDR mit Beschluss vom 26. August 1952 angewiesen, vor dem Stattfinden wichtiger Prozesse im Politbüro zu berichten. Vorausgegangen waren Beratungen des Politbüros vom 25. März 1952 und 24.Juni 1952 über zwei Todesurteile und die Missbilligung der Arbeit der Justiz in diesen Sachen durch das Politbüro.[144] Noch 1987 hat die SED ihren Einfluss auf Prozesse geltend gemacht, wie der sogenannte „Zionskirch-Fall" ausweist. Rechtsextreme Skinheads waren gewalttätig gegen Konzertbesucher in der Zionskirche vorgegangen. Nachdem das erstinstanzliche Urteil aus Sicht der Staatsanwaltschaft zu milde erschien, wurden die Anträge des Generalstaatsanwaltes und das Urteil zwischen Generalstaatsanwalt, Oberstem Gericht, Ministerium der Justiz und ZK der SED abgestimmt. Klaus Sorgenicht, Leiter der Abteilung Staats- und Rechtsfragen des ZK der SED, teilte in einem Schreiben vom 11. Dezember 1987 dem zuständigen Sekretär Egon Krenz mit, dass die beabsichtigten Strafanträge mit dem Präsidenten des OG Günter Sarge und dem Generalstaatsanwalt Günter Wendland abgestimmt seien. Egon Krenz leitete das Schreiben am 18. Dezember 1987 nebst einem Brief des Präsidenten des Obersten Gerichts an Erich Honecker weiter, der darauf „einverstanden E.H. 18.12.87" handschriftlich vermerkte. Entsprechend fielen die Strafen dann in zweiter Instanz aus. Am 23. Dezember 1987 meldete die Zeitung Neues Deutschland, dass die Skinheads entsprechend den Anträgen der Staats-

144 Urteil des LG Berlin vom 30.3.1995 – AZ (527) 29/2 Js 25/92 Ks (9/94)

anwaltschaft zu „strengen Freiheitstrafen“ verurteilt worden seien.[145]

Gut belegen lässt sich die politische Einflussnahme der SED auf die Justiz der DDR durch die Rechtsprechung des Obersten Gerichts. So verurteilte das Oberste Gericht der DDR am 23. Juni 1955 fünf Männer wegen Verbrechens gegen Art. 6 der DDR-Verfassung vom 7. Oktober 1949 und gegen die Kontrollratsdirektive Nr. 38 Abschnitt II Art. III A III wegen Boykotthetze und Spionage. Zwei Angeklagte wurden zum Tode, einer zu zehn Jahren und zwei zu je 15 Jahren Zuchthaus verurteilt. Ihnen wurden Sühnemaßnahmen auferlegt und ihr Vermögen eingezogen. Die Angeklagten hatten für die Organisation „Kampfgruppe gegen Unmenschlichkeit“, die den Grundsätzen einer freiheitlichen rechtsstaatlichen Ordnung verpflichtet war, Widerstand gegen die SED-Diktatur geleistet. Die Todesurteile gegen die Hauptangeklagten wurden noch in derselben Woche, am 29. Juni 1955, vollstreckt. Das Urteil beruhte auf einer unzulässigen Analogie, denn die Kontrollratsdirektive 38 war zur Bekämpfung des Nationalsozialismus und Militarismus geschaffen worden. Allein die Tatsache, dass das Urteil vor der Hauptverhandlung von parteipolitischen Instanzen unter wesentlicher Mitwirkung des Parteivorsitzenden Walter Ulbricht festgelegt worden war, zeigte, dass das Urteil mit einer rechtsstaatlichen Ordnung unvereinbar war.

Zuvor waren die Angeklagten in der Strafvollzugseinrichtung Hohenschönhausen untergebracht. Was

145 Ablichtungen der Originaldokumente im Ausstellungskatalog „Im Namen des Volkes“, Ausstellung des Bundesjustizministeriums in Berlin 1994, S. 183

dort mit Gefangenen geschah, beweisen die vielen sich gleichenden Angaben derjenigen, die nach der Wiedervereinigung vom Rechtsbehelf der Strafrechtlichen Rehabilitation Gebrauch machten. Die häufig ohne anwaltliche Hilfe gestellten Anträge der Betroffenen enthielten ausführliche und bedrückende

Schilderungen menschlichen Leidens. Wer sich heute einer Führung durch die als Gedenkstätte hergerichtete Untersuchungshaftanstalt Hohenschönhausen anschließt, erfährt, dass man die Festgenommenen in verdunkelten Fahrzeugen stundenlang herumfuhr, bis sie schließlich in einer Zelle in der Gensler Straße ein-

Die Untersuchungshaftanstalt des Ministeriums für Staatssicherheit in Berlin-Hohenschönhausen

geschlossen wurden. Sie wussten nicht, wo sie waren, nicht einmal in welcher Stadt. Unter den Zellen gab es winzige Räume, in denen die Häftlinge angekettet wurden, nur in gekrümmter Haltung, auf schiefer Ebene oder im Wasser (das berüchtigte „U-Boot") kauern konnten. Viele dieser Zellen hatten keine Fenster und wurden Tag und Nacht nur von einer kleinen Deckenlampe beleuchtet. In den Zellen von Hohenschönhausen gab es kein Tageslicht. Die Häftlinge hatten keine Uhr. Es herrschte Schlafverbot. Es gab keine Decken und die Gefangenen durften nicht liegen. Um die Inhaftierten gefügig zu machen, wurden sie mit Wasser und Schlauch behandelt. Schläge mit Fäusten und Knüppeln sowie Fußtritte waren an der Tagesordnung. Die Nahrung war übersalzen, zugleich wurden Getränke vorenthalten. Die Gefangenen wurden mit dem Tode bedroht, indem man ihnen vorspiegelte, sie könnten „auf der Flucht" erschossen oder der Sowjetischen Militäradministration überstellt werden. Ein sorgsam ausgeklügeltes Alarm- und Leit-System stellte sicher, dass sich die Gefangenen, wenn sie zu einer Vernehmung abgeholt wurden, innerhalb des Gefängnisses nie begegnen konnten.

Die Urteile aus den fünfziger und sechziger Jahren zeichneten sich oft durch einen eifernden Stil aus, der die Errungenschaften des Sozialismus und die Notwendigkeit entschlossenen Abwehrkampfs gegen dessen Feinde pries und die Angeklagten regelrecht verunglimpfte. Später wurde der Ton etwas nüchterner. Umso mehr macht die Routine betroffen, mit der für Harmlosigkeiten härteste Strafen verhängt wurden. Die Todesurteile wurden in den fünfziger und sechziger Jahren in der DDR durch Enthauptung vollzogen.

Das Strafgesetzbuch von 1968 ordnete dann den Vollzug durch Erschießen an. Eine amtliche Statistik über verhängte und vollstreckte Todesurteile ist niemals veröffentlicht worden. Nach westlichen, unvollständigen Angaben sind von 1949 bis 1968 mindestens 194 Angeklagte von DDR-Gerichten zum Tode verurteilt und hingerichtet worden.[146]

Unter Anwendung des Artikels 6 der Verfassung der DDR vom 7. Oktober 1949 sowie der Kontrollratsdirektive Nr. 38 Abschnitt II Art. III A III hat der 1. Strafsenats des Obersten Gericht der DDR in den Jahren 1954 und 1955 in mehreren Verfahren Todesstrafen verhängt sowie lebenslange und langjährige Zuchthausstrafen festgesetzt. Herausragend sind dabei drei Prozesse, mit denen sich im Rahmen der Aufarbeitung des DDR-Unrechts die Strafkammer 27 des Landgerichts Berlin vom 16. Januar bis zum 30. März 1995 beschäftigte.[147] Die für die strafrechtliche Verfolgung der Regierungskriminalität zuständige Staatsanwaltschaft II bei dem Landgericht Berlin hatte die letzte noch lebende ehemalige Beisitzerin des Obersten Gerichts, Helene Kleine, wegen ihrer Beteiligung an drei Schauprozessen der Rechtsbeugung, des Totschlags und der Freiheitsberaubung angeklagt. Dabei handelte es sich um den sogenannten „Gehlen-Prozess“, den „RIAS-Prozess“ und den Prozess gegen „Schädlinge der Volkswirtschaft“.

146 Karl Wilhelm Fricke, Politik und Justiz in der DDR, S. 525 ff., Verlag Wissenschaft und Politik, Köln 1992

147 Urteil des LG Berlin vom 30.3.1995 – AZ (527) 29/2 Js 25/92 Ks (9/94)

TODESURTEILE WEGEN „FRIEDENSGEFÄHRDENDER PROPAGANDA“

DER „GEHLEN-PROZESS“

Nach wenigen Verhandlungstagen verurteilte das Oberste Gericht der DDR am 9. November 1954 den Bauingenieur Karli Bandelow (49) und den Handlungsgehilfen Ewald Misera (40) zum Tode. Der Dreher Werner Laux (33) und die Stenotypistin Käte Dorn (31) erhielten jeweils eine lebenslange Zuchthausstrafe, der Industriekaufmann Vitalis Dalchau (30) und der berufslose Gottfried Schröer (41) jeweils 15 Jahre Zuchthaus und der Fischer Christoph Komorek (31) zwölf Jahre Zuchthaus.[148] Bandelow war zuletzt Hauptreferent im Staatsekretariat für Kraftverkehr und Straßenwesen der DDR, Misera Disponent in der Reichsbahndirektion Berlin, Dalchau war Vertriebskaufmann im VEB Elektro-Apparate-Werke J. W. Stalin in Treptow, Schröer Abteilungsleiter der Finanzbuchhaltung im VEB Werkzeugfabrik Altenburg, Komerek Wirtschaftsleiter im VEB Binnenschifferei Wesenberg, Laux war als Dreher bei der Firma

148 Urteil des OG DDR vom 9.11.1954 – AZ 1 Zst (I) 9/54; siehe auch Beilage zur NJ 22/54, NJ 54, S. 645 f. und Auszug aus dem Plädoyer des Generalstaatsanwaltes „Entlarvung der amerikanischen Kriegsvorbereitung in Deutschland“ in NJ 54, S. 645 u. 653

Stoye-Fahrzeugbau in Leipzig beschäftigt und Käte Dorn Sekretärin des Betriebsleiters beim VEB Projektierung des Kraftverkehrs und Straßenwesens in Berlin C2. Ihnen wurde vorgeworfen, Agenten der Organisation Gehlen gewesen zu sein, die entsprechend den Zielen des amerikanischen Imperialismus seit ihrer Gründung 1945 in der amerikanischen Besatzungszone mit allen Mittel einen dritten Weltkrieg vorbereite. Die geständigen Angeklagten hätten mit der von ihnen betriebenen Spionage „die Vorbereitungen der amerikanischen und westdeutschen Monopolkapitalisten für einen dritten Weltkrieg unterstützt". Sie hätten daher den „Tatbestand der Kriegshetze und friedensgefährdende Propaganda für den Militarismus betrieben."[149]

Tatsächlich führte damals die sogenannte Organisation Gehlen, ein Vorläufer des Bundesnachrichtendienstes, vielfältige Spionagehandlungen auf dem Gebiet der DDR durch. Dem Ministerium des Inneren, Sekretariat für Staatssicherheit (SfS), dem Vorläufer des Ministeriums für Staatssicherheit (MfS), war es gelungen, einen unbekannt gebliebenen Überläufer zu bewegen, eine umfangreiche Liste von Agenten zu erstellen, was ab April 1954 zu einer Verhaftungswelle in der DDR führte. Unter 400 Verhafteten befanden sich die genannten Angeklagten. Am 3. September 1954 lag bereits der Schlussbericht des SfS/MfS vor, der mit wenigen Änderungen in die Anklageschrift vom 23. September 1954 übernommen wurde. Wörtliche Passagen finden sich später in den Urteilsgründen. Wenige Tage später lag dem Politbüro ein Bericht

149 Urteil des OG DDR vom 9.11.1954 – AZ 1 Zst (I) 9/54

über die geplante Durchführung und Auswertung des Strafverfahrens mit konkreten Strafvorschlägen vor. Walter Ulbricht verfügte handschriftlich, das Verfahren bis nach den Volkskammerwahlen zurückzustellen. In einer späteren Sitzung des Politbüros vom 26. Oktober 1954 wurde festgelegt, dass gegen die „Haupttäter Bandelow und Misera auf Todesstrafe zu erkennen“ [150]ist. Beide wurden zwei Tage nach dem Urteil in den frühen Morgenstunden in Dresden im Abstand von vier Minuten durch das Fallbeil hingerichtet. Ein Gnadengesuch hatte der Staatspräsident der DDR Wilhelm Pieck am Vortag abgelehnt.

150 Urteil des LG Berlin vom 30.3.1995 – AZ (527) 29/2 Js 25/92 Ks (9/94)

„BEZAHLTE AGENTEN“

DER „RIAS-PROZESS“

Die Radiosendungen des Rundfunks im amerikanischen Sektor (RIAS) waren der SED-Führung ein besonderes Ärgernis, da über den RIAS westliche Lebensart propagiert und über Misswirtschaft und Unzulänglichkeiten in der Sowjetischen Besatzungszone berichtet wurde. So versuchte die SED, den RIAS als Verbrecherorganisation und Spionagezentrale darzustellen. Jeder, der für den Rundfunksender arbeitete oder mit ihm Kontakt hatte, sollte mit harter Bestrafung rechnen müssen. Wie sich aus den Urteilsgründen des Obersten Gerichts der DDR vom 27. Juni 1955 ergibt, wurde eine große Anzahl von „RIAS-Agenten“ festgenommen. Fünf davon, die sich nicht einmal kannten und nichts voneinander wussten, wurden als „fünf Agenten des Rundfunks im amerikanischen Sektor RIAS, hinter dem sich eine Spionagezentrale verbirgt“, vor dem 1. Strafsenat des Obersten Gerichts angeklagt und am 27. Juni 1955 im Rahmen eines Schauprozesses verurteilt.[151]

Das Urteil spricht einleitend von der von den west-

151 Urteil des OG DDR vom 27.6.1955 – AZ 1 Zst (I) 5/55

lichen Imperialisten betriebenen „Politik der Stärke", die sich gegen das „Weltfriedenslager" richte. Zu den „vom amerikanischen Geheimdienst geleiteten und kontrollierten verbrecherischen Organisationen, die durch Spionage, Sabotage, Terror und Hetze Unsicherheit und Unruhe in die Bevölkerung der Deutschen Demokratischen Republik"[152] trügen, gehöre auch der Rundfunk im amerikanischen Sektor von West-Berlin RIAS. Unter dem Vorsitz des Präsidenten Dr. Schumann wurden der Dekorateur Joachim Wiebach (39) zum Tode, der Redakteur und Lektor Im VEB Globus Richard Baier (28) zu 13 Jahren Zuchthaus, der Drogist Günther Krause (50) zu lebenslangem Zuchthaus, der Kaufmann und Sachbearbeiter im Staatlichen Kreiskontor Stralsund Willi Gast (45) zu 15 Jahren Zuchthaus und der Elektromeister und Rundfunktechniker im VEB Stahl- und Walzwerk Brandenburg Manfred Vogt (23) zu acht Jahren Zuchthaus verurteilt.

Nach den Feststellungen des Urteils waren alle Angeklagten bezahlte Nachrichtenagenten des RIAS und damit des amerikanischen Geheimdienstes. Sie hätten aus allen Gebieten des gesellschaftlichen Lebens in der DDR Nachrichten gesammelt und an den RIAS weitergeleitet. Sie hätten spioniert und damit die Kriegsziele der Imperialisten gefördert. Die Begründung zeichnet sich durch eine demütigende, von Hass gezeichnete Sprache aus, was für fast alle Urteilsbegründungen des Obersten Gerichts aus diesen Jahren gilt. Eine Hausmitteilung der SED vom 14. Juni 1955 hatte den SED-Generalsekretär Walter Ulbricht unterrichtet, dass der Generalstaatsanwalt Genosse

152 Urteil des OG DDR vom 27.6.1955 – AZ 1 Zst (I) 5/55

Melsheimer die Anklage vertreten und die Verhandlung am 24. Juni 1955 öffentlich durchgeführt werde. „Es sollen wieder Delegationen aus Betrieben und die Presse teilnehmen." Die für den Angeklagten Wiebach vorgesehene Strafe „lebenslängliches Zuchthaus" wurde von Ulbricht handschriftlich durchgestrichen und durch „Vorschlag Todesurteil" ersetzt und mit „Einverstanden W. Ulbricht" unterschrieben.[153] Joachim Wiebach wurde, nachdem Staatspräsident Wilhelm Pieck das Gnadengesuch abgelehnt hatte, am 14. September 1955 in der Untersuchungshaftanstalt I in Dresden durch das Fallbeil hingerichtet. Richard Baier wurde begnadigt und am 23. November entlassen. Günter Krause wurde nach einem Gnadenerweis am 18. August 1964 aus der Haft entlassen.

153 SED-Hausmitteilung vom 14.6.55 an Walter Ulbricht von der Abt. Staatl. Organe Str/H1, unterschrieben von Sorgenicht

„SICHERUNGSMASSNAHMEN IN DER DEUTSCHEN DEMOKRATISCHEN REPUBLIK“

DER PROZESS GEGEN „SCHÄDLINGE DER VOLKSWIRTSCHAFT“

Mitte der fünfziger Jahre war unübersehbar, dass der Aufbau einer sozialistischen Planwirtschaft mit den nach Reparationsleistungen an die Sowjetunion noch vorhandenen Produktionsmitteln mit den theoretischen Planungen nicht Schritt halten konnte. In der Praxis traten immer wieder Schwierigkeiten auf bei der Steuerung der Produktionsabläufe, der Materialbeschaffung und beim Vertrieb der qualitativ nicht befriedigenden Produkte. Die Ursachen wurden nicht in eigenen Fehlern gesehen, sondern auf westliche Hetzpropaganda und Sabotageakte zurückgeführt. Ein großangelegter Prozess gegen „Schädlinge der Volkswirtschaft“ sollte dies für die Bevölkerung deutlich machen. Neben der Schuldzuweisung für Missstände sollte der Prozess auch mit dem Westen sympathisierende Bürger abschrecken und zugleich die Macht und Entschlossenheit der Partei beim Aufbau des Sozialismus demonstrieren. So wurden gegen höhere Verantwortungsträger aus verschiedenen Betrieben schon im Vorverfahren im „Schreiben der Abteilung Staatliche Organe an den Genossen Ulbricht“ unmenschlich hohe Strafen festgesetzt, denen das Politbüro zustimmte.

Die ersten Planungen für den Prozess gegen Schädlinge der Volkswirtschaft vor dem Obersten Gericht finden sich bereits in den Akten des Ministeriums für Staatssicherheit in einem Vermerk vom 8. September 1954, also fast ein Jahr vor Prozesseröffnung. Hier wurden schon die später verkündeten Strafen festgesetzt.[154] Die politische Motivation der Anklagen ergibt sich auch aus einem Referat des damaligen Ministers des Innern der DDR und Politbüromitglied Willi Stoph von Mitte April 1955 vor dem 23. Plenum des ZK der SED unter dem Titel „Sicherungsmaßnahmen in der Deutschen Demokratischen Republik – Die Krisenpläne der Imperialisten". In diesem Referat werden die Ermittlungsergebnisse bereits vorweggenommen, obwohl einer der Hauptangeklagten, Rolf Leonhard, erst am 11. Mai 1955 verhaftet wurde. In einem Nachtrag vom 10. Dezember 1954 zum Operativplan des Sekretariats für Staatssicherheit vom 6. Dezember 1954 war vorgesehen, ihn unter dem Vorwand des Diebstahls festzunehmen. Wörtlich heißt es dort: Er „ist auf seinem Nachhauseweg von einem GI des Taschendiebstahls zu beschuldigen und zu provozieren. Er ist dann von einem Mitarbeiter des MfS, welchen er nicht kennt, zusammen mit dem GI festzunehmen und auf dem nächsten Volkspolizei-Revier zu vernehmen. Die Überprüfung des Tascheninhaltes wird von uns durchgeführt."[155]

Tatsächlich wurde Rolf Leonhard am 10. Mai 1955 unter einem Vorwand von West-Berlin von einem

154 Urteil des LG Berlin vom 30.3.1995 – AZ (527) 29/2 Js 25/92 Ks (9/94)
155 Urteil des LG Berlin vom 30.3.1995 – AZ (527) 29/2 Js 25/92 Ks (9/94), siehe auch Vermerk der Hauptabteilung III/3/J vom 10.12.1954 (BStU 000076)

MfS-Mitarbeiter in den Osten gelockt, am S-Bahnhof Treptower Park verhaftet und nach kurzer Vernehmung nach Hohenschönhausen gebracht, und zwar in das sogenannte „U-Boot", den berüchtigten Wasserkeller. Dort standen die Gefangenen in einer kleinen Zelle ohne Tageslicht im Wasser. Sie konnten sich nicht schlafen legen und sollten durch den Schlafentzug ohne sichtbare Folterspuren psychisch und physisch zermürbt werden. Es wurde eine „Vernehmungsniederschrift" angefertigt, ohne dass Leonhard Angaben gemacht hatte. Ihm wurde gesagt, seine „Rübe sei in Gefahr", wenn er in der Hauptverhandlung etwas anderes sage, als hier niedergeschrieben sei.

Der Angeklagte Manfred Otto Kirsten musste ebenfalls ins „U-Boot" und kapitulierte bei den Vernehmungen. Seine anfängliche Weigerung, auszusagen, wurde mit der Bemerkung quittiert: „Sie bleiben, bis Ihnen Moos aus dem Arsch wächst." Der Angeklagte Günter Bünger wurde „verhaftet", indem ihm auf dem Weg zum Büro Unter den Linden plötzlich ein Sack über den Kopf gezogen und er in ein Auto gedrängt wurde. Er saß ebenfalls etwa fünf Monate in einer Zelle ohne Tageslicht. Frischluft kam nur durch ein Ofenrohr. Bürger wurde mit nächtlichen Vernehmungen und Schlafentzug malträtiert.

Mit einem Schreiben der Staatlichen Organe vom 19. Juli 1955 wurde Walter Ulbricht über das Strafverfahren und die vorgesehenen Strafen informiert. Unter dem Vorsitz des Präsidenten Ziegler verurteilte der 1. Strafsenat dann am 3. September 1955 wie vorgesehen Karl Nellis (56) zum Tode. Elf Wochen später ist er in der Untersuchungshaftanstalt Dresden hingerichtet worden.[156] Ludwig Altenbrand (51) und Rolf Leonhard (27) erhielten eine lebenslange Zuchthausstrafe. Günter Bünger (32) 15 Jahre Zuchthaus und Manfred Kirsten (27) zehn Jahre Zuchthaus.[157] Der Elektroingenieur Nellis war zuletzt Kaufmännischer Direktor im früheren AEG-Apparatewerk Treptow, umbenannt in EAW J.W. Stalin, der Diplomingenieur Altenbrand im gleichen Werk als Werkleiter angestellt. Der Industriekaufmann Leonhard war Hauptbuchhalter im Volkseigenen Versorgungs- und Lagerungskontor Fleisch, Fette und Molkereierzeugnisse, der Werkzeugmacher Bünger Hauptreferent im Ministerium für Land- und Forstwirtschaft und dort zuständig für Landmaschinen und Ersatzteile. Der Diplommathematiker Kirsten war wissenschaftlicher Mitarbeiter im Institut für Wasserwirtschaft. In der Urteilsbegründung heißt es: „Die Handlungen aller Angeklagten richten sich gegen die Grundlagen unseres Staates der Arbeiter und Bauern." Sie hätten das Verbrechen in Form der Kriegshetze durch Spionage verwirklicht. Auch hätten sie Boykotthetze betrieben. „Die Angeklagten Nellis, Altenbrand, Leonhard und Kirsten haben in der Hauptverhandlung erklärt, dass sie Handlungen in dem Bestreben begangen haben, die Deutsche Demokratische Republik zu vernichten."[158]

Das Landgericht Berlin hat die ehemalige Richterin am Obersten Gericht der DDR Helene Kleine wegen Rechtsbeugung in drei Fällen, davon in einem Fall tateinheitlich mit zweifachem Totschlag, und in einem

156 Freigabebescheinigung des Bezirksstaatsanwalts in Dresden vom 23.11.1955 und des Bestattungsscheines des Standesamtes Dresden vom selben Tag betreffend Karl Nelles
157 Urteil des OG DDR vom 3.9.1955 – AZ 1 Zst (I) 8/55
158 Urteil des OG DDR vom 3.9.1955, ebd.

Fall tateinheitlich mit Totschlag und zweifacher Freiheitsberaubung sowie in einem Fall tateinheitlich mit Totschlag und vierfacher Freiheitsberaubung zu einer Gesamtfreiheitsstrafe von fünf Jahren verurteilt. Wie es in den Urteilsgründen der 27. Strafkammer des Landgerichts Berlin aus dem Jahre 1995[159] heißt, seien die über 40 Jahre zurückliegenden Geschehnisse nur in dem damaligen historischen Bezugsrahmen nachvollziehbar. Im Bewusstsein der Schwierigkeiten einer Beweiserhebung habe das Schwurgericht nur mit großer Vorsicht Schlussfolgerungen zum Nachteil der Angeklagten gezogen und sei zu Gunsten der Angeklagten davon ausgegangen, dass die in den Urteilen des Obersten Gerichts getroffenen Feststellungen, an denen sie als Richterin beteiligt war, zu ihrer Überzeugung den Tatsachen entsprachen.

In der 17-tägigen Beweisaufnahme hat die Kammer eine Vielzahl von Urkunden verlesen und mehrere Zeugen vernommen, die sich an die Gerichtsverfahren erinnern konnten. Darunter waren ein Hauptsekretär beim Obersten Gericht und Leiter der Geschäftsstelle und eine Protokollführerin. Beide haben über die Verfahrensabläufe berichtet. Den Gang des Ermittlungsverfahrens und die zum Teil menschenverachtenden Verhörpraktiken und Foltermethoden haben sechs der ehemals Verurteilten als Zeugen eindrucksvoll geschildert. Die Angeklagte selbst hat sich zu ihrem Werdegang, insbesondere zu ihrer Karriere von der im Schnellkursus ausgebildeten Volksrichterin zur Richterin am Obersten Gericht geäußert und eingeräumt, an den Verfahren beteiligt

159 Urteil des LG Berlin vom 30.3.1995 – AZ (527) 29/2 Js 25/92 Ks (9/94)

gewesen zu sein. An Details wollte sie sich nicht erinnern, sie hätte aber niemals wissentlich gegen das Recht verstoßen. Den Vorwurf der Rechtsbeugung wies sie entschieden zurück.

Wie die Urteilsgründe ausweisen, hat das Schwurgericht aus der eingehenden Beweisaufnahme die Überzeugung gewonnen, dass die Strafen in sämtlichen Einzelfällen der drei Prozesse aus Gründen, die die Verfassung und Gesetze der DDR nicht zulassen, mit Zustimmung der Angeklagten wissentlich überhöht festgesetzt worden waren. Aus den von der Angeklagten verfassten wissenschaftlichen Aufsätzen ergab sich, „dass sie unerbittlich die Feinde der DDR verfolgt sehen" wollte. Die getroffenen Feststellungen wiesen zur Überzeugung der Schwurgerichtskammer aus, dass die Angeklagte in allen drei Prozessen gemeinsam mit ihren inzwischen verstorbenen Richterkollegen wissentlich gesetzwidrig zu Ungunsten der Angeklagten entschieden und dabei Strafen verhängt habe, die in keinem Verhältnis zu den Handlungen der Angeklagten standen und die in der unmenschlichen Strenge offensichtlich Menschenrechtsverletzungen darstellten. Die ehemalige Richterin hat sich daher der Rechtsbeugung in Tateinheit mit Totschlag und Freiheitsberaubung, jeweils in mittelbarer Täterschaft, schuldig gemacht. In der rechtlichen Bewertung des Vorwurfs hat sich die Strafkammer 27 auf die Rechtsprechung des Bundesgerichtshofes berufen. Danach kann der Vorwurf der Rechtsbeugung nur erhoben werden, wenn die Rechtswidrigkeit der Entscheidung so offensichtlich ist, dass Menschenrechte schwerwiegend verletzt sind, und wenn die richterliche Entscheidung einem Willkürakt gleichkommt. Dabei ist nach der Rechtsprechung des Bundesgerichtshofes[160] zu berücksichtigen, dass es an einer Gesetzwidrigkeit gefehlt hat, wenn die Handlung des Richters vom Wortlaut des Rechts der DDR gedeckt war. Das Urteil ist nicht rechtskräftig geworden. Die Angeklagte hatte Revision eingelegt und ist während des Revisionsverfahrens verstorben. Der Bundesgerichtshof konnte sich daher nicht mehr dazu äußern. Das Verfahren ist folgerichtig eingestellt worden.

192 Ein zweites Verfahren zu diesem Komplex lag der Strafkammer 28 des Landgerichts Berlin vor. Die Staatsanwaltschaft hatte gegen den ehemaligen Richter am Obersten Gericht der DDR Dr. Hans Reinwarth den Vorwurf der Rechtsbeugung in Tateinheit mit Totschlag in drei Fällen und in einem Fall wegen Freiheitsberaubung erhoben. Der Angeklagte hatte ebenfalls einen Kurs als Volksrichter absolviert und wurde im März 1954 als Richter an das Oberste Gericht versetzt. Dort wirkte er dann bis Januar 1956 in vier Verfahren vor dem Obersten Gericht mit, in denen er, wie die Schwurgerichtskammer festgestellt hat, wissentlich gesetzwidrig zu Ungunsten der Angeklagten entschieden hat.

Im ersten Fall hatte das Bezirksgericht Cottbus den Kaufmann Karl-Albrecht Tiemann (52) aus West-Berlin wegen Boykotthetze gegen demokratische Einrichtungen, militärische Propaganda sowie Kriegshetze und Propaganda für den Nationalsozialismus am 3. März 1955 zum Tode verurteilt.[161] Er war zuvor in West-Berlin überfallen und mit Gewalt in die DDR

---

160 BGH in NStZ 1994, S. 241

161 Urteil des Bezirksgerichts Cottbus vom 3.3.1955 – AZ I 33/55 – 1 Ks 23 /55

verschleppt worden. Das Oberste Gericht hat die Berufung des zum Tode Verurteilten am 1. April 1955[162] zurückgewiesen. Am 26. Juli 1955 wurde er morgens um 4.00 Uhr in der Untersuchungshaftanstalt I in Dresden hingerichtet.

Im zweiten Fall hatte das Bezirksgericht Cottbus am 4. November 1955 den Bauingenieur und Architekten Heinz Friedemann (40) wegen Spionage zum Tode verurteilt.[163] Er hatte für den englischen Geheimdienst Kurierfahrten durchgeführt und „tote Briefkästen"[164] geleert. In der Urteilsbegründung heißt es, er habe mit „seiner Spionage- und Agententätigkeit die Vorbereitungen der angloamerikanischen und westdeutschen Monopolkapitalisten für einen dritten Weltkrieg unterstützt … Der Angeklagte hat sich dadurch als verbissener und verschworener Feind des deutschen Volkes zu erkennen gegeben."[165] Das Oberste Gericht hat die Berufung des zum Tode Verurteilten durch Urteil vom 2. Dezember 1955 zurückgewiesen.[166] Das Todesurteil wurde am 22. Dezember 1955 in Dresden vollstreckt.

Im dritten Fall ging es um das Urteil des Obersten Gerichts vom 27. Januar 1954. Hier wurde vier Angeklagten, die sich untereinander nicht kannten, der Vorwurf gemacht, „sie hätten sich als Agenten der imperialistischen Kriegstreiberei mit der Abwerbung von Wissenschaftlern und Spezialisten aus der Deutschen Demokratischen Republik befasst".[167] Weil sämtliche

162 OG DDR – AZ 1a Ust 46/55
163 Urteil des Bezirksgerichts Cottbus vom 4.11.1955 – AZ I Ks 317/55 – I 42/55
164 Ein „toter Briefkasten" ist ein Versteck, das der Übermittlung geheimer Nachrichten dient und zwischen Absender und Adressat vereinbart ist.
165 Urteil des Bezirksgerichts Cottbus vom 4.11.1955, ebd.
166 Urteil des OG DDR vom 2.12.1955 – AZ 1a -Ust 268/55
167 Urteil des OG DDR vom 27.1.1956 – AZ 1 Zst (I) 1/56

Angeklagten in starkem Maße daran mitgewirkt hätten, „dass eine große Anzahl Wissenschaftler und Spezialisten infolge von lügenhaften Versprechungen, Erpressungen und Hetze die Deutsche Demokratische Republik unter Bruch ihrer Verpflichtungen verlassen haben“, wurden der Konstrukteur Max Held (42) und der Elektriker Werner Rudert (33) zum Tode verurteilt. Die Stenotypistin Eva Helm (33) wurde zu lebenslangem Zuchthaus, der Hollerith-Spezialist Joachim Sachße (25) zu acht Jahren Zuchthaus verurteilt. Hervorgehoben wurde im Urteil, dass alle vier „eingefleischte Faschisten“ seien. Held war zuletzt Konstrukteur im Konstruktions- und Ingenieurbüro Chemie, Rudert Elektriker im Funkwerk Erfurt. Die gegen Held und Rudert verhängten Todesstrafen wurden durch Gnadenerweis des Präsidenten der DDR vom 8. Februar 1956 in lebenslange Zuchthausstrafen umgewandelt. Später wurden die lebenslangen Zuchthausstrafen zunächst zu jeweils fünfzehn Jahren verkürzt. Beide wurden schließlich auf Bewährung entlassen, Held am 14. August 1964, Rudert am 21. August 1964. Die Strafe für Sachße wurde, ohne dass ihm das damals bekannt gemacht worden ist, durch Gnadenerweis vom 30. Oktober 1956 auf drei Jahre herabgesetzt und mit Wirkung zum 8. März 1957 zur Bewährung ausgesetzt. Am 17. Juni 1969 wurde die Reststrafe erlassen. Eva Helm, die sich seit dem 13. Juni 1955 in Untersuchungshaft befand, verstarb am 12. September 1956 im Haftkrankenhaus Klein-Meusdorf.

Die Strafkammer 28 hat den ehemaligen Richter des Obersten Gerichts der DDR Dr. Hans Reinwarth wegen gemeinschaftlicher Rechtsbeugung in drei Fällen in Tateinheit mit Totschlag und in einem Fall mit versuchtem Totschlag in zwei rechtlich zusammenhängenden Fällen am 17. Juni 1994 zu einer Gesamtfreiheitsstrafe von drei Jahren und neun Monaten verurteilt, wobei sie bei der Strafzumessung „das fortgeschrittene Alter des Angeklagten" – er war inzwischen 74 Jahre alt – „und die dadurch resultierende Strafempfindlichkeit berücksichtigt" hat. Das Urteil ist rechtskräftig geworden. Der 5. Strafsenat des Bundesgerichtshofes hat es am 17. November 1995 bestätigte. Die Entscheidung hat Genugtuung ausgelöst. Der ehemalige Präsident des Oberlandesgerichts Braunschweig Rudolf Wassermann kommentierte das Urteil in der Zeitung Die Welt vom 17. November 1995: „Der klassenbewusste Kommunist, der vom Volksrichter zum Richter am Obersten Gericht der DDR aufgestiegen war, war vom Landgericht Berlin strenger bestraft worden, als es sonst üblich ist: Er hatte zwei Todesurteile gefällt. Dass der BGH dieses Urteil bestätigt hat, zeigt, dass die Justiz Unrechts-Richter unter Umständen auch scharf anzufassen vermag." [168]Die Strafkammer 28 hatte sich in ihrer Begründung an der Grundsatzentscheidung des 5. Strafsenats des BGH vom 13. Dezember 1993 – 5 StR 76/93 ausgerichtet, wonach eine Bestrafung ehemaliger DDR-Richter grundsätzlich möglich ist. Dabei müssten aber stets die besonderen politischen Verhältnisse, die in der DDR geherrscht hätten, berücksichtigt werden. Eine Rechtsbeugung kommt gleichwohl in Betracht, wenn die „Rechtswidrigkeit der Entscheidung so offensichtlich war, dass insbesondere die Rechte anderer, hauptsächlich ihre Menschenrechte, derart schwerwiegend

168 Siehe hierzu Internet-Beiträge: Unrechtsrichter Dr. Reinwarth

verletzt worden sind, dass sich die Entscheidung als Willkürakt darstellt".

Orientierungsmaßstab ist also die offensichtliche Verletzung von Menschenrechten. Als Fälle kommen Konstellationen in Betracht, in denen die Auslegung des Gesetzeswortlautes so überdehnt wird, dass eine Freiheitsstrafe als offensichtliches Unrecht anzusehen ist. Als schwere Menschenrechtsverletzung ist es anzusehen, wenn die Durchführung von Verfahren, ins-

besondere von Strafverfahren, nicht der Verfolgung von Gerechtigkeit, sondern nur der Ausschaltung des politischen Gegners oder einer bestimmten sozialen Gruppe dient. Für die Annahme eines Willküraktes kann auch sprechen, wenn ein Sachverhalt in schwerwiegender Weise verfälscht wird, um ein politisch erwünschtes Ziel zu erreichen. Der Bundesgerichtshof hat trotz harscher Kritik in Wissenschaft und Öffentlichkeit an dieser die Strafbarkeit enorm einengenden Rechtsprechung festgehalten. Die Instanzgerichte mussten sich darauf einstellen.

Als Paradebeispiel eines politisch gesteuerten Prozesses ist das Urteil des 1. Strafsenats vom 23. September 1955 zu nennen, in dem unter dem Vorsitz des Vizepräsidenten Ziegler die beiden Angeklagten Karl Laurenz (50) und Elli Barozatis (43) nach nur einem Verhandlungstag auf Antrag des Generalstaatsanwaltes zum Tode verurteilt wurden.[169] Wie in den schon genannten Urteilen beginnt das nur acht Seiten umfassende Urteil auch hier mit dem Hinweis auf die große Gefährlichkeit der imperialistischen Agentenorganisationen für die Einheit Deutschlands und für den

169 Urteil des OG DDR vom 23.9.1955 – AZ 1 Zt (I) 7/55

Frieden der Welt. Karl Laurenz, promovierter Jurist und Journalist, hatte Erkenntnisse seiner Geliebten Elli Barozatis, die als Referentin im Referat Wirtschaft beim Ministerpräsidenten der DDR angestellt war, an einen Verbindungsmann der Organisation Gehlen in West-Berlin weitergeleitet.

PROZESSE GEGEN RICHTER UND STAATSANWÄLTE

VERFAHREN WEGEN REPUBLIKFLUCHT UND „VERLEITEN ZUM VERLASSEN DER DDR"

Keinen Erfolg hatte die Staatsanwaltschaft II bei dem Landgericht Berlin mit ihrer Anklage gegen einen ehemaligen Richter des Obersten Gerichts wegen seiner Mitwirkung an einem Urteil, in dem 1969 ein Mann zu zwei Jahren und sechs Monaten Freiheitsstrafe verurteilt wurde, weil er in der Zeit vom 17. bis 21. September 1968 insgesamt 70 Flugblätter mit angeblich staatsfeindlichem Inhalt hergestellt und verteilt hatte. Die Flugblätter gaben unter der Überschrift „Denk bitte nach, bitte schweig nicht" ein Lenin-Zitat wieder. Das Zitat erläuterte den Begriff der Annexion als gewaltsame Angliederung einer kleinen oder schwachen Völkerschaft gegen deren Willen und verurteilte Annexionen als unrechtmäßig. Der Schuldspruch des Urteils ging davon aus, dass sich die Flugblattaktion gegen den Einmarsch der Sowjetunion, der DDR und anderer sozialistischer Staaten in die Tschechoslowakei am 21. August 1968 richtete. Der Inhalt der Schrift sei eine Diskriminierung der staatlichen und gesellschaftlichen Verhältnisse der DDR und anderer sozialistischer Staaten und habe das Ziel der Aufwiegelung gegen diese. Für den Vorwurf der

Rechtsbeugung in Tateinheit mit Freiheitsberaubung reichte es unter dem Gesichtspunkt der oben näher beschriebenen Rechtsprechung des Bundesgerichtshofes nicht.[170]

Keinen Erfolg hatte die Staatsanwaltschaft auch mit der Anklage gegen einen Staatsanwalt, der durch seine Anklageerhebung und Antrag auf Verurteilung in der Hauptverhandlung im Dezember 1963 vor dem Strafsenat 1 b des Stadtgerichts von Groß-Berlin bewirkt hatte, dass entgegen der Rechtsordnung der ehemaligen DDR neun Bürger der DDR wegen eines staatsgefährdenden Gewaltaktes in Tateinheit mit Verleiten zum Verlassen der DDR zu mehrjährigen Zuchthausstrafen zwischen zwei Jahren und drei Monaten und fünf Jahren und zehn Monaten verurteilt wurden. Die Betroffenen – allesamt Bürger der DDR – hatten sich im April/Mai 1963 an dem Bau eines Tunnels von der Kremmener zur Bernauer Straße beteiligt, um so von Ost- nach West-Berlin zu gelangen. Sie wirkten mit beim Ausschachten des Tunnels oder unterstützten Tunnelbauer mit Lebensmitteln sowie anderen materiellen oder finanziellen Zuwendungen. Durch die Dauer der Ausschachtungsarbeiten des insgesamt 63 Meter vorangetriebenen Tunnels wuchs die Flüchtlingsgruppe zuletzt auf 28 Teilnehmer, wie aus dem MfS-Operativvorgang „Wühlmäuse" vom 25. November 1961 hervorgeht. Am 23. Mai 1963 wurde der Tunnel entdeckt. Das Landgericht Berlin hat unter Bezugnahme auf die Rechtsprechung des Bundesgerichtshofes die Eröffnung des Hauptverfahrens abgelehnt.[171]

---

170 Beschluss des KG vom 19.5.1998, in: NSTZ-RR 1998, S. 301

171 Beschluss des LG Berlin vom 31.5.1999 – AZ (534) 28 Js 87/96 (40/96)

Erfolg hatte dagegen ein Verfahren gegen den Staatsanwalt Peter Michael Baader und den Richter Ronald Kurt Mielich. Mielich wurde wegen Rechtsbeugung in sieben Fällen, davon in zwei Fällen in Tateinheit mit Freiheitsberaubung, zu einer Hauptstrafe von zwei Jahren verurteilt. Gegen Baader wurde wegen Rechtsbeugung sowie wegen tateinheitlicher Beihilfe zur Rechtsbeugung und Freiheitsberaubung eine Gesamtfreiheitsstrafe von einem Jahr und vier Monaten festgesetzt, deren Vollstreckung zur Bewährung ausgesetzt wurde.

Der Hintergrund: 1974 war die DDR dem „Internationalen Pakt über bürgerliche und politische Rechte“ vom 19. Dezember 1966 beigetreten, der dann am 23. Mai 1976 für beide deutsche Staaten in Kraft trat. Viele ausreisewillige Bürger der DDR beriefen sich auf Art. 12 dieses Paktes, in dem es heißt: „Jedermann steht es frei, jedes Land, einschließlich seines eigenen, zu verlassen.“ In der Übersetzung des DDR-Gesetzblattes lautete es: „Es steht jedem frei, jedes Land, auch sein eigenes, zu verlassen.“ Unter Berufung auf diesen völkerrechtlich verbindlichen Satz stellten zahlreiche Bürger der DDR Ausreiseanträge oder Anträge auf Übersiedlung in die Bundesrepublik, was die DDR jedoch in der Regel verweigerte. Die unter Mitwirkung des Angeklagten Baader als Staatsanwalt und des Angeklagten Mielich als Richter betriebenen Strafverfahren betrafen sämtlich den Vorwurf des Verstoßes gegen Vorschriften der DDR über die „staatliche und öffentliche Ordnung“. Im Rahmen des Revisionsverfahrens gegen ein Urteil der Strafkammer 6 des Landgerichts Berlin wurden beide vom Bundesgerichtshof schuldig gesprochen. Die Strafkammer 34 des Landgerichts Berlin hatte nur noch die Strafen festzusetzen.[172]

Es ging konkret um Strafverfahren aus den Jahren 1984 bis 1989 in Ost-Berlin gegen ausreisewillige Bürger der DDR. In fünf der sieben Fälle hatten die Betroffenen an einem der Grenzübergänge nach West-Berlin unter Vorlage ihres Personalausweises die Ausreise nach West-Berlin beantragt. Sie wurden festgenommen, verhaftet und wegen Beeinträchtigung der staatlichen Tätigkeit zu Freiheitsstrafen verurteilt, deren Rest später zur Bewährung ausgesetzt wurde. Nach der Haft wurden sie in die Bundesrepublik entlassen. In einem Fall hatte der Betroffene einem bekannten Ehepaar in der Bundesrepublik eine Durchschrift eines Übersiedlungsantrags geschickt. Das Ehepaar hatte davon das Bundeshaus in Berlin-West unterrichtet. Der Brief und eine Postkarte wurden abgefangen. Der Betroffene wurde festgenommen, verhaftet, von Staatsanwalt Baader angeklagt und wegen ungesetzlicher Verbindungsaufnahme verurteilt und, nachdem der Rest der Freiheitsstrafe zur Bewährung ausgesetzt wurde, in die Bundesrepublik entlassen. Im siebten Fall hatte das betroffene Ehepaar einen Ausreiseantrag an den Rat des Stadtbezirks Berlin-Hellersdorf geschickt und dabei die Verhältnisse in der DDR in sachlicher Weise kritisiert. Ferner hatte der Ehemann an der Antenne des gemeinsamen PKW ein schmales weißes Stoffbändchen befestigt. Derartige Bändchen waren zu dieser Zeit in der DDR Erkennungszeichen Ausreisewilliger. Der Ehemann wurde festgenommen und verhaftet. Baader klagte das Paar wegen Beeinträchtigung

172 Urteil des LG Berlin vom 24.11.1997 – AZ: (534) 30 Js 1042/93 KLs (39/97)

der staatlichen Tätigkeit an, die Frau zusätzlich wegen öffentlicher Herabwürdigung. Beide wurden zu Freiheitsstrafen verurteilt und nach Aussetzung der Restverbüßung in die Bundesrepublik entlassen.

Die Strafverfahren liefen nach den Feststellungen der West-Berliner Gerichte im Allgemeinen wie folgt ab: Da es sich um politische Verfahren handelte, wurden die Ermittlungen nicht durch die Polizei, sondern durch das gleichfalls zuständige Ministerium für Staatssicherheit (MfS) vorgenommen. Die Vernehmungen der fast durchweg inhaftierten Betroffenen waren äußerst intensiv und führten in beinahe allen Fällen dazu, dass diese das ihnen vorgeworfene Verhalten einräumten. Nach der Inhaftierung legte das MfS die Akten zunächst der Staatsanwaltschaft vor, damit diese den Erlass eines Haftbefehls beantragte. Ebenso wie die Staatsanwaltschaft dieser „Bitte" nachkam, erließ auch der Haftrichter den beantragten Haftbefehl. Die vom MfS vorgenommene rechtliche Würdigung des Sachverhalts wurde dabei sowohl von der Staatsanwaltschaft als auch vom Haftrichter unverändert übernommen, und fand sich – von sehr seltenen geringfügigen Änderungen abgesehen – auch in der Anklageschrift und im Urteil wieder. Die Verkündung des Haftbefehls erfolgte nach kurzer Vernehmung des Betroffenen zur Sache, in der dieser typischerweise nur die Richtigkeit seiner bisherigen Angaben gegenüber den Mitarbeitern des MfS bestätigte. Die persönlichen Verhältnisse wurden nicht erörtert. Die Vernehmung durch den Haftrichter war so kurz und routinemäßig, dass den Betroffenen oft gar nicht bewusst war, dass sie einem Haftrichter gegenüberstanden. Der Text des Haftbefehls ging in vielen Fällen kaum über die Wiedergabe der angeblich verletzten Strafvorschrift hinaus und ließ oftmals den konkreten Tatvorwurf nicht erkennen.

Die durch den Generalstaatsanwalt von Berlin erhobenen Anklagen enthielten in sämtlichen Fällen, in denen die Betroffenen inhaftiert waren, den Antrag, die Fortdauer der Untersuchungshaft zu beschließen. Des Weiteren wurde stets beantragt, die Hauptverhandlung unter Ausschluss der Öffentlichkeit durchzuführen und dem Betroffenen die Prozessdokumente nicht auszuhändigen, sondern lediglich „zur Kenntnis zu geben". Sofern diese Anklageschriften bei der Strafkammer des Richters Mielich eingingen, wurde wenige Tage darauf durch diesen und das jeweilige Schöffenpaar die Eröffnung des Hauptverfahrens beschlossen. Dieser Eröffnungsbeschluss bestand in der Regel aus einem – in der Regel kaum lesbaren – Stempelaufdruck auf der Rückseite mit folgendem Wortlaut: „Das Hauptverfahren wird im Sinne der Anklage vor der Strafkammer des Stadtbezirksgericht Pankow eröffnet. Die Untersuchungshaft bleibt aus den Gründen der Anordnung aufrechterhalten" und trug die Unterschrift des Richters Mielich und der beiden Schöffen. Die Schöffen hatten zuvor die Möglichkeit, sich den Akteninhalt durchzulesen. Der Unterzeichnung ging fast nie eine Beratung voraus, sie erfolgte seitens der Schöffen, wie einer von ihnen als Zeuge formulierte, im „Blindflug". Anklageschrift und Eröffnungsbeschluss wurden den Betroffenen auf Anordnung von Mielich nicht ausgehändigt, sondern nur zur Kenntnis vorgelegt.

In den dargestellten Fällen trat in der Hauptverhandlung in der weitaus überwiegenden Zahl ein

Rechtsanwalt aus der Kanzlei Prof. Dr. Vogel als Verteidiger auf, meistens Rechtsanwalt Starkulla. Die Wahl der Betroffenen fiel auf Prof. Dr. Vogel, weil in weiten Teilen der DDR-Bevölkerung bekannt war, dass dieser mit der Übersiedlung von DDR-Bürgern in die Bundesrepublik und dem Freikauf von DDR-Häftlingen durch die Bundesregierung befasst war. Die Betroffenen hofften, durch seine Mitwirkung gleichfalls freigekauft und in die Bundesrepublik entlassen zu werden. In einigen Fällen trafen die damaligen Betroffenen keine Wahl, sondern erhielten die Mitteilung, sie würden von der Kanzlei Dr. Vogel verteidigt. Die Wahl von Prof. Dr. Vogel in der Hoffnung auf „Freikauf" erfolgte insbesondere in den Fällen, in denen DDR-Bürger an einem Grenzübergang die Ausreise nach West-Berlin verlangt hatten, ohne im Besitz einer Ausreisegenehmigung zu sein. Es war in Kreisen der ausreisewilligen DDR-Bürger bekannt, dass dieses Verhalten mit einer Freiheitsstrafe geahndet wurde und darauf eine vorzeitige Entlassung aus der Haft in die Bundesrepublik erfolgte. Wer diesen Weg wählte, nahm also seine Inhaftierung und Bestrafung bewusst in Kauf, um auf diese Weise seine Übersiedlung in die Bundesrepublik zu erreichen. Zwischen dem Betroffenen und dem Verteidiger fand in der Regel kurz vor der Hauptverhandlung ein kurzes Gespräch statt, indem der Verteidiger dem Angeklagten einschärfte, in der Hauptverhandlung den Tatvorwurf einzuräumen und weitere Äußerungen möglichst zu vermeiden. Dabei setzte er üblicherweise voraus, dass der Betroffene zu einer Freiheitsstrafe verurteilt würde, gab eine Prognose dazu ab und empfahl, das Urteil anzunehmen. Dass das Verhalten unter Umständen gar nicht strafwürdig war und entsprechend plädiert werden solle, wurde von den Verteidigern aus der Kanzlei Prof. Dr. Vogel nicht thematisiert.

Die Hauptverhandlungen fanden stets unter Ausschluss der Öffentlichkeit statt, ohne das zu protokollieren. In wenigen Ausnahmen wurde einzelnen Angehörigen die Anwesenheit im Sitzungssaal gestattet. Unabhängig vom Ausschluss der Öffentlichkeit waren in vielen Verhandlungen männliche, teils uniformierte Zuschauer anwesend, die nach dem Eindruck der Angeklagten und Schöffen dem MfS angehörten. Die Verhandlung war kurz, Zeugen mussten nicht gehört werden, da die Betroffenen entsprechend der anwaltlichen Weisung den Vorwurf einräumten. Die Verteidiger stellten keine prozessualen Anträge und wiesen in ihren Plädoyers allenfalls auf Strafmilderungsgründe hin. Der Schlussantrag der Staatsanwaltschaft war Richtschnur für die Beratung. Über die angeblich verwirkte Tat wurde nur in Ausnahmefällen gesprochen. In der Regel schlug Richter Mielich vor, dem Antrag der Staatsanwaltschaft zu folgen. Als ein als Zeuge gehörter Schöffe einmal Bedenken wegen der Höhe des Strafmaßes äußerte, erklärte ihm Mielich, er solle sich keine Gedanken machen, der Angeklagte werde ohnehin freigekauft und vorzeitig entlassen. Das einstimmig gefundene Urteil entsprach fast immer dem Antrag der Staatsanwaltschaft. Das Fortdauern der Untersuchungshaft wurde als selbstverständlich behandelt, die Betroffenen verzichteten weisungsgemäß auf Rechtsmittel. Eine Urteilsabschrift erhielten sie nicht. Die meisten Verurteilten wurden nach Freikauf in die Bundesrepublik entlassen. Einer der Betroffenen berichtete, dass er am 11. Juni 1986 mit einer

Gruppe Gefangener in die Bundesrepublik gefahren wurde. Unmittelbar vor der Ausreise erschien Rechtsanwalt Vogel im Bus und forderte die Insassen auf, Stillschweigen über ihr Strafverfahren zu bewahren.

Weil das Verfahren bei der Bearbeitung von Ausreiseanträgen bewusst undurchschaubar gestaltet war, versuchten viele Ausreisewillige ihre Chance dadurch zu erhöhen, dass sie sich an die Ständige Vertretung der Bundesrepublik Deutschland in der DDR wand-

ten, die ihren Sitz in Ost-Berlin in der Hannoverschen Straße hatte. Dort berichteten sie von ihrem Ausreisewunsch und hinterließen ihre Personalien. Das war in der DDR in höchstem Maße unerwünscht. Deshalb wurden die Bürger beim Verlassen der Vertretung von der Volkspolizei kontrolliert. In der Folge führte das in vielen Fällen zur Strafverfolgung wegen ungesetzlicher Verbindungsaufnahme nach § 219 StGB/DDR.

Drei solche Fälle waren Gegenstand des Verfahrens vor dem Landgericht Berlin gegen eine ehemalige Richterin am Stadtbezirksgericht Berlin-Lichtenberg wegen Rechtsbeugung. Im ersten Fall hatte der Betroffene schon 1977 als 19-Jähriger die Ständige Vertretung betreten, um sich nach den Chancen eines Ausreiseantrags zu erkundigen. 1984 betrat er die Vertretung erneut zu einem Gespräch, wurde beim Verlassen von der Volkspolizei kontrolliert und acht Tage später vom MfS festgenommen. Es erging Haftbefehl, die Generalstaatsanwaltschaft klagte wegen ungesetzlicher Verbindungsaufnahme an. Am 23. Mai 1984 verurteilte ihn die Angeklagte rechtswidrig zu einer Freiheitsstrafe von einem Jahr und vier Monaten. Die zweite Betroffene, eine 24 Jahre alte Verkäuferin, hatte am 5. März 1984 einen Ausreiseantrag gestellt und am 7. März die Vertretung aufgesucht. Sie wurde schon beim Eintreten kontrolliert. Fünf Tage, nachdem ihr Ausreiseantrag abgelehnt worden war, wurde sie am 18. April 1984 vom MfS festgenommen und nach dem üblichen Verfahren am 25. Mai 1984 von der Angeklagten widerrechtlich zu einer Freiheitstrafe von einem Jahr und vier Monaten verurteilt. Die dritte Betroffene hatte als 17-Jährige einen in West-Berlin lebenden jugoslawischen Staatsangehörigen kennengelernt. Beide wollten heiraten. Deshalb stellte sie nach Erreichen der Volljährigkeit einen Ausreiseantrag und suchte am 7. August die Vertretung auf, um sich dort Ratschläge geben zu lassen. Sie wurde noch vor dem Betreten festgenommen und im üblichen Verfahren am 29. November 1984 von der Angeklagten rechtswidrig zu einer Freiheitsstrafe von einem Jahr und drei Monaten verurteilt.

In allen Begründungen wurde den Betroffenen die Ablehnung der sozialistischen Staats- und Gesellschaftsordnung vorgeworfen. Das Landgericht Berlin hat die angeklagte Richterin wegen Rechtsbeugung und Freiheitsberaubung in drei Fällen verurteilt, weil sie die Betroffenen in rechtsbeugerischer Art und Weise zu willkürlich hohen Freiheitsstrafen verurteilt und zuvor trotz Fehlens aller Voraussetzungen die Fortdauer der Untersuchungshaft gegen die Betroffenen angeordnet hatte.[173] Bei der Strafzumessung hat die Strafkammer berücksichtigt, dass der Zeitraum der Taten lange zurücklag und die Angeklagte sich zu ihrer Verantwortung bekannte. Das Landgericht hat gegen die Angeklagte eine Gesamtfreiheitsstrafe von einem Jahr

173 Urteil des LG Berlin vom 31.5.1999 – AZ (534) 30 Js 85/98 Kls (20/98)

und vier Monaten festgesetzt und die Vollstreckung der Strafe zur Bewährung ausgesetzt. Zusätzlich ist ihr aufgegeben worden, 2.000 DM an die Antistalinistische Aktion Berlin – Forschungs- und Gedenkstätte Normannenstraße e.V. zu zahlen.

Die Zentrale des Ministeriums für Staatssicherheit befand sich in der Normannenstraße. Heute ist dort das Stasi-Museum untergebracht.

AUSREISEANTRAG UND ENTLASSUNG

ZIVILVERFAHREN UND ARBEITSRECHTLICHE KONSEQUENZEN

Das Thema der Rechtsbeugung durch eine politisch gesteuerte Justiz stellte sich auch in zivilrechtlichen Verfahren, so bei arbeitsrechtlichen Konsequenzen nach Stellung eines Ausreiseantrags. Ein Beispiel aus der Arbeitsgerichtsbarkeit zeigt, wie auch hier die SED willfährige Richter des Arbeitsgerichts und des Stadtgerichts Berlin missbraucht hat, um politische Ziele durchzusetzen. Die Frankfurter Allgemeine Zeitung berichtete, dass bei einer im Auftrag der Landesbeauftragten für die Unterlagen der DDR-Staatssicherheit durchgeführten Recherche ein Dokument mit Anweisungen gefunden wurde, welche arbeitsrechtlichen Konsequenzen ein Ausreiseantrag haben sollte.[174] Aus einem Urteil des Landgerichts Berlin vom 10. März 1999[175] geht hervor, welche unheilvolle Rolle die Justiz der DDR dabei gespielt hat.

So wurde der seit 1969 bei dem volkseigenen Außenhandelsbetrieb als Objektleiter beschäftigte Diplomökonom Bernd W. wegen seines Ausreise-

174 F.A.Z. vom 29.1.2013, „Stasi gab Weisungen für den Umgang mit Ausreisewilligen"
175 Urteil des LG Berlin vom 10.3.1999 – AZ 534 -28 Js 9/94 KLs - 48/95

antrags 1978 mit der Begründung gekündigt, er sei für die „vereinbarte Arbeitsaufgabe nicht geeignet". Nachdem die Konfliktkommission noch belegte, dass die Kündigung wegen Nichteignung erfolgte, weil W. ein rechtswidriges Ersuchen zum Verlassen der DDR gestellt hatte, lehnten Arbeitsgericht[176] und Stadtgericht Berlin[177] die Klage gegen den Vorwurf der Nichteignung ab, ohne den wahren Grund zu nennen.

Nicht anders erging es dem wissenschaftlichen Mitarbeiter im Rechenzentrum der Deutschen Staatsbibliothek Helge P., der 1981 während eines Urlaubs einen Ausreiseantrag gestellt hatte. Nachdem er der Aufforderung, den Antrag zurückzunehmen, nicht nachgekommen war, wurde ihm gekündigt, weil „das gleichzeitige Vorhandensein hoher politischer und moralischer Qualitäten" nicht mehr gegeben sei. Das Stadtbezirksgericht Berlin Mitte wies P.s Klage als unbegründet ab.[178]

Die Mitarbeiterin für Wohnraumlenkung beim Rat des Stadtbezirks Berlin-Mitte Ingrid S. wurde fristlos entlassen, weil ihr geschiedener Mann einen Ausreiseantrag gestellt hatte. Für eine Tätigkeit im Staatsapparat sei sie daher ungeeignet. Stadtbezirksgericht Berlin-Mitte und Stadtgericht Berlin wiesen die Klage von Ingrid S. mit der Begründung ab, Mitarbeiter eines Staatsbetriebes hätten sich innerhalb und außerhalb des Dienstes nach den Grundsätzen der sozialistischen Moral einzurichten.[179]

---

176 Beschluss des Stadtbezirksgerichts Berlin-Mitte vom 9.1.1979 (253 A 329/78)

177 Beschluss des Stadtgerichts Berlin vom 1.2.1979 (111 BAR 6/79)

178 Beschluss des Stadtbezirksgerichts Berlin-Mitte vom 5.5.1982 (253 A 387/81) und Beschluss des Stadtgerichts Berlin vom 29.7.1982 (111 BAR 20/82)

179 Beschluss des Stadtbezirksgerichts Berlin-Mitte vom 19.8.1982 (253 A 276/82) und Beschluss des Stadtgerichts Berlin vom 28.9.1982 (111 BAR 29/82)

Gleiche Erfahrung machte das beim Staatlichen Komitee für Rundfunk beim Ministerrat beschäftigte Ehepaar Albrecht und Heide S. Er war Regisseur, sie Regieassistentin. Als beide 1984 in einem Gespräch bestätigen mussten, einen Ausreiseantrag gestellt zu haben, wurde gegen sie ein Disziplinarverfahren eröffnet, das mit der fristlosen Entlassung endete. Ohne den wahren Grund zu nennen, bestätigten das Stadtbezirksgericht Berlin-Köpenick und das Stadtgericht Berlin die Entlassung mit der Begründung einer schwerwiegenden Arbeitspflichtverletzung.[180]

Ebenso erging es dem Bratschisten W. vom Rundfunk-Tanzstreichorchester, der 1984 für sich und seine Familie einen Ausreiseantrag nach Berlin (West) gestellt hatte, und dem Bratschisten beim Rundfunkorchester Leipzig Z.[181] Auch dem Haushandwerker A. beim Rundfunk wurde der 1986 gestellte Ausreiseantrag zum Verhängnis. [182] Ein elf Jahre als Sänger beim Rundfunk beschäftigtes Ehepaar S. hatte 1986 den Antrag auf Ausbürgerung gestellt. Die fristlose Entlassung folgte auf dem Fuße. Während die Konfliktkommission den Ausreiseantrag als schwerwiegende Verletzung der sozialistischen Arbeitsdisziplin noch erwähnte, wiesen das Stadtbezirksgericht Berlin-Köpenick und das Stadtgericht Berlin die Kündigungsschutzklage ab, ohne den Grund dafür zu nen-

180 Beschluss des Stadtbezirksgerichts Berlin-Köpenick vom 28.8.1984 (16 A 109/84) und Beschluss des Stadtgerichts Berlin vom 11.10.1984 (BAR 43/84)

181 Beschluss des Stadtbezirksgerichts Berlin-Köpenick vom 14.1.1985 (16 A 173/84)

182 Beschluss des Stadtbezirksgerichts Berlin-Köpenick vom 18.6.1986 (16 A 74/86) und Beschluss des Stadtgerichts Berlin-vom 22.7.1986 (BAR 36/86)

nen.[183] Das gleiche Schicksal erlitt der als Bratschist im Rundfunkorchester Leipzig angestellte Hans-Ulrich Z. wegen seines Ausreiseantrags.[184] Ebenso ging es der über zehn Jahre beim Rundfunk angestellten Cellistin M. Sie wurde fristlos entlassen, weil sie 1976 für sich und ihre Familie einen Ausreiseantrag gestellt hatte. Die Gerichtsverfahren gegen die Kündigung hatten keinen Erfolg.[185] Die gleiche Erfahrung machten die als Wareneingangskontrolleurin beim VEB Pyrotechnik/Silberhütte angestellte N.[186] und der Diplomphilosoph R.[187], der beim Zentralvorstand der Liberalen Partei Deutschland der DDR als Mitarbeiter des Betriebsschutzes beschäftigt war. Die gestellten Ausreiseanträge führten zur Entlassung, die Gerichtsverfahren endeten wie beschrieben, ohne den wahren Grund für die Entlassungen zu nennen. Ebenso verlor der zuletzt als Fachgebietsleiter beim Staatlichen Kunsthandel in der Bildgießerei Schöneiche angestellte W. seine Arbeitsstelle, weil er 1984 einen Ausreiseantrag gestellt hatte. In der Begründung hieß es, in seiner Lebensführung werde er den Anforderungen an die Vorbildwirkung und Ausstrahlung auf andere Werktätige nicht mehr gerecht.[188]

---

183 Beschluss des Stadtbezirksgerichts Berlin-Köpenick vom 29.12.1986 (16 A 171/86) und Beschluss des Stadtgerichts Berlin vom 29.1.1987 (BAR 3/87)

184 Beschluss des Stadtbezirksgerichts Berlin-Köpenick vom 29.12.1986 (16 A 172/86) und Beschluss des Stadtgerichts Berlin vom 20.1.1987 (BAR 2/87)

185 Beschluss des Stadtbezirksgerichts Berlin-Köpenick vom 21.9.1987 (16 A 123/87)

186 Beschluss des Stadtbezirksgerichts Berlin-Pankow vom 15.6.1984 (19 A 69/84)

187 Beschluss des Stadtbezirksgerichts Berlin vom 10.4.1984 (01 A 30/84) und Beschluss des Stadtgerichts Berlin vom 8.6.1984 (BAR 28/84)

188 Beschluss des Stadtbezirksgerichts Berlin-Mitte vom 19.9.1984 (01 A 250/84) und Beschluss des Stadtgerichts Berlin vom 10.1.1985 (BAR 51/84)

Der Hebezeug- und Aufzugswart bei den VEB Sekura Werken B. wurde wegen seines Ausreiseantrags 1985 mit der Begründung gekündigt, er hätte in letzter Zeit ein negatives staatsbürgerliches Verhalten gezeigt und sei nicht mehr geeignet. Die Kündigungsschutzklagen hatten keinen Erfolg.[189] Der leitende Angestellte O. im Büro für Urheberrechte der DDR, Arbeitsbereich Verlage, hatte im November 1985 einen Antrag auf Genehmigung der Eheschließung mit einer Bürgerin aus Berlin (West) mit dem Ziel einer ständigen Wohnsitznahme in Berlin (West) auf der Grundlage der Familienzusammenführungsverordnung der DDR gestellt. Auf Betreiben des Rates des Stadtbezirks Berlin-Pankow musste er zugleich die Entlassung aus der Staatsbürgerschaft beantragen. Unmittelbar nach Kenntnis davon wurde er ohne Nennung einer Grundlage wegen Nichteignung gekündigt. Mit der gleichen Begründung verweigerten ihm die Gerichte den Rechtsschutz. Der Ausreiseantrag wurde als Kündigungsgrund nicht genannt.[190] Nicht anders erging es dem Gruppentänzer mit Soloverpflichtung D. beim Friedrichstadtpalast. Obwohl die zuständigen Gerichte aus der Personalakte den Ausreiseantrag als wahren Kündigungsgrund kannten, wiesen sie die Klage wegen schwerwiegenden Verstoßes gegen die sozialistische Arbeitsdisziplin und gegen staatsbürgerliche Pflichten ab.[191] Auch die beim Friedrichstadtpalast

189 Beschluss des Stadtbezirksgerichts Berlin-Mitte vom 9.8 1985 (01 A 301/85) und Beschluss des Stadtgerichts Berlin vom 24.9.1985 (BAR 31/85)

190 Beschluss des Stadtbezirksgerichts Berlin-Mitte vom 7.2.1986 (01 A 502/85) und Beschluss des Stadtgerichts Berlin vom 2.5.1986 (BAR 23/86)

191 Beschluss des Stadtbezirksgerichts Berlin-Mitte vom 4.9.1984 (01 A 259/84) und Beschluss des Stadtgerichts Berlin vom 10.10.1984 (BAR 42/84)

angestellte Tänzerin im Ballettensemble H. verlor so wegen ihres 1984 gestellten Ausreiseantrags ihren Arbeitsplatz.[192] Das gleiche Schicksal erfuhren auch die beim Deutschen Theater und Kammerspiele – Staatstheater der DDR – als Beleuchter der für den Bühnenbereich angestellte G.[193] und die beim Schauspielhaus als Schließerin angestellte A.[194], weil sie einen Ausreiseantrag gestellt hatten.

Maßgebend für diese Verfahren waren Anleitungstexte aus den Jahren 1977 und 1983, die sogenannten „Orientierungen des Obersten Gerichts, des Generalstaatsanwalts, des Bundesvorstandes des FDGB und des Staatssekretariats für Arbeit und Löhne zur einheitlichen Behandlung arbeitsrechtlicher Probleme, die sich bei Versuchen von Bürgern der DDR, die Übersiedlung nach nichtsozialistischen Staaten und Westberlin zu erreichen bzw. bei Antragstellung auf Wohnsitzveränderung nach nichtsozialistischen Staaten und Westberlin ergeben können".[195] Die Texte forderten in den Fällen von Kündigungsschutzklagen ausreisewilliger Bürger, denen nach Stellung eines Ausreiseantrags fristgemäß oder fristlos gekündigt worden waren, die Richter zur bewussten Verletzung zwingender

---

192 Beschluss des Stadtbezirksgerichts Berlin-Mitte vom 15.11985 (01 A 377/84) und Beschluss des Stadtgerichts Berlin vom 22.3.1985 (BAR 9/85)

193 Beschluss des Stadtbezirksgerichts Berlin-Mitte vom 10.1.1986 (01 A 419/85) und Beschluss des Stadtgerichts Berlin vom 13.2.1986 (BAR 11/86)

194 Beschluss des Stadtbezirksgerichts Berlin-Mitte vom 14.8.1986 (01 A 212/86) und Beschluss des Stadtgerichts Berlin vom 16.9.1986 (BAR 46 /86)

195 Verfasst vom Obersten Gericht der DDR – siehe Anklageschrift der Staatsanwaltschaft II bei dem Landgericht Berlin (28 Js 9/64), im vollen Wortlaut wiedergegeben im Urteil des LG Berlin vom 10.3.1999 – AZ (534) 28 Js0/64 (48/95)

Vorschriften des Arbeits- und Zivilprozessrechts der DDR auf. Es waren schriftlich festgelegte Anweisungen an die Arbeitsrichter der unteren Instanzen der DDR-Gerichte, die ihnen auf Fachrichtertagungen oder Dienstbesprechungen vermittelt wurden. Danach war unabhängig von der Qualifikation eines Werktätigen das bloße Stellen eines Ausreiseantrags als Kündigungsgrund im Sinne des Arbeitsrechts der DDR anzuerkennen. Jede Kündigungsschutzklage war durchweg ohne mündliche Verhandlung durch Beschluss abzuweisen. Der tatsächliche Grund der Kündigung war ausdrücklich zu verschweigen.

Diese Handhabung war eindeutig rechtswidrig, insbesondere nach dem Beitritt der DDR zum Internationalen Pakt über bürgerliche und politische Rechte 1974 und der 1976 ausdrücklich in das Gesetzblatt der DDR aufgenommenen Formulierung: „Es steht jedem frei, jedes Land, auch sein eigenes, zu verlassen.“[196] Das Stellen eines Ausreiseantrags konnte demnach, ebenso wie das Flüchten, keine Straftat sein. Gleichwohl war selbst die legale Ausreise unerwünscht und hatte daher vielfache Auswirkungen auf das Arbeitsverhältnis. Um eine einheitliche Handhabung zu gewährleisten, wurden die Orientierungen von 1977 und 1983 über das Oberste Gericht auf den Weg gebracht. So hieß es unter anderem: „Eine Änderung oder Beendigung des Arbeitsrechtsverhältnisses ist notwendig, wenn der betreffende Bürger Leitungsaufgaben zu erfüllen hat (einschließlich der Meistertätigkeit); ferner, wenn er mit Dienstgeheimnissen im Sinne der Anordnung zum Schutz der Dienstgeheimnisse vom

196 § 12 Abs. 2 IPbürgR in GBl. DDR II 1976, S. 108

6. Dezember 1971 zu tun hat oder im Rahmen seiner Arbeitsaufgaben darüber hinausgehende Sicherheitserfordernisse gewährleisten muss. Das gleiche trifft zu, wenn der Bürger Verantwortung für die Erziehung der ihm anvertrauten Kinder, Jugendlicher oder auch Erwachsener trägt oder wenn die Sicherheit der vom Werktätigen zu bedienenden volkswirtschaftlich wichtigen Produktionsanlagen, Geräte usw. beeinträchtigt werden kann."[197] Und an weiterer Stelle: „In den nach dem Gesetz erforderlichen Begründungen der arbeitsrechtlichen Maßnahmen ist in keinem Falle die Tatsache der Übersiedlungsabsicht des Werktätigen als Grund für die Beendigung des Arbeitsrechtsverhältnisses zu nennen." Detailliert wird für diese Fälle unter anderem ausgeführt: „In der Begründung der fristlosen Entlassung ist auf die Verletzung staatsbürgerlicher Pflichten oder schwerwiegende Verletzungen der sozialistischen Arbeitsdisziplin hinzuweisen."[198]

Die Praxis lief fast immer nach dem gleichen Muster ab. Nachdem die Betriebe der Ausreisewilligen auf verschiedene Weise, meist durch die mit den Anträgen befassten Behörden, von den Ausreisegesuchen oder den Anträgen auf Familienzusammenführung erfahren hatten, wurden die Betroffenen zur Rede gestellt und, wenn sie den Antrag nicht zurücknahmen, fristlos gekündigt. In den Kündigungsschreiben wurde der wahre Grund nicht genannt. Die zur Entscheidung über die Kündigung berufenen Richter aber kannten den tatsächlichen Grund aus den ihnen vor-

197 Ziffer 2.1. der Orientierung 1977, ähnlich Ziffer 2.1. der Orientierung 1983

198 Ziffer 2.3.3. der Orientierung 1983, ähnlich Ziffer 2.3. der Orientierung 1977

liegenden Personal-, Kader- oder Konfliktkommissionsakten. Sie wiesen die Klagen in erster und zweiter Instanz entsprechend den ihnen vorgegebenen Orientierungen ab, ohne den Ausreiseantrag als wahren Kündigungsgrund zu nennen.

Nach Ansicht des Berliner Kammergerichts reichte das jedoch für den Vorwurf der Rechtsbeugung nicht aus.[199] Das lag auch hier an der außerordentlich einengenden Rechtsprechung des BGH zur Frage der Rechtsbeugung in Fällen der SED-Justizverbrechen.[200] Er hat die von ihm selbst als unbefriedigend eingeräumte eigene Rechtsprechung zur Rechtsbeugung durch Juristen in der Zeit der nationalsozialistischen Herrschaft fortgesetzt.[201] Der BGH hat daran erinnert, dass keiner der am Volksgerichtshof tätigen Berufsrichter und Staatsanwälte wegen Rechtsbeugung verurteilt worden ist, ebenso wenig Richter der Sondergerichte und Kriegsgerichte.[202] Nach der Rechtsprechung des BGH zur Rechtsbeugung durch die DDR-Justiz sind nur menschenrechtswidrige Willkürakte als Rechtsbeugung strafbar.[203]

Der Vorwurf der Rechtsbeugung setzt einen elementaren Verstoß gegen die Rechtspflege voraus. Er ist nur dann gegeben, wenn der Täter sich bewusst und in schwerwiegender Weise von Recht und Gesetz entfernt hat. Nicht jede rechtsstaatswidrige oder mit Grundsätzen des Menschenrechtsschutzes unvereinbare Entscheidung von DDR-Richtern ist als

199 Beschluss vom 28.7.1998 – AZ: 5 Ws 594/97
200 Eine Übersicht bei Fischer StGB, 60. Aufl. 2013, § 339 Rdnr.16 ff.
201 BGHSt 41, 317, 319
202 BGHSt, a.a.O.
203 Ständige Rechtsprechung des BGH; BGHSt 40, 41, 42; 41, 247, 254, BGH NJW 1998, S. 248, 249

Rechtsbeugung anzusehen. In den genannten Fällen lagen keine rechtlich relevanten Kündigungsgründe vor. Die Kündigungsschutzklagen wurden unter eindeutiger Verletzung von Vorschriften des Arbeits- und Prozessrechts durchweg als offensichtlich unbegründet abgewiesen. Es ging um nicht mehr und nicht weniger als den Antrag auf Ausreise bzw. Familienzusammenführung. Die Betroffenen nahmen Rechte in Anspruch, zu deren Respektierung und Achtung sich die DDR international verpflichtet hatte. Weil das innenpolitisch unerwünscht war, wurden sie per Kündigung diszipliniert und die Justiz hat das Ihrige dazu beigetragen. Um den wahren Grund zu vertuschen, wurde der Kündigungsgrund auch nicht schriftlich als solcher dokumentiert, aber alle wussten Bescheid: der Arbeitgeber, der betroffene Arbeitnehmer, die Konfliktkommission und die zur Entscheidung berufenen Richter. Wissend, dass kein arbeitsrechtlicher Kündigungsgrund vorlag – er wurde nach außen hin entsprechend den Orientierungsrichtlinien geheim gehalten – haben sich die beteiligten DDR-Richter dazu hergegeben, die einzelnen Kläger durch die von ihnen getroffenen richterlichen Entscheidungen wegen der missliebigen Ausreiseanträge mit Mitteln der Justiz politisch zu disziplinieren. Man möchte also meinen, sie hätten Rechtsbeugung begangen. Aber der Vorwurf der Rechtsbeugung in den Arbeitsrechtsfällen wäre nur dann gegeben, wenn die Rechtswidrigkeit einer Entscheidung so offensichtlich wäre und insbesondere die Rechte anderer, hauptsächlich ihre Menschenrechte, derart schwerwiegend verletzt worden wären, dass sich die Entscheidung als Willkürakt darstellt. Das hat das Kammergericht verneint. Im Kern sei die

Rechtsposition der Betroffenen im Verfahren nicht so nachhaltig beeinträchtigt worden, dass eine schwere Verletzung der Menschenrechte darin erblickt werden könnte.

Eine extreme Willkür, die den Vorwurf der Rechtsbeugung begründen könnte, zeichnet sich dadurch aus, dass der Richter Rechtsvorschriften gleichsam mit Füßen tritt und zu Ergebnissen gelangt, die jeglichem Rechtsdenken hohnsprechen. Das sei hier nicht gegeben.

Nach den Zahlen der Staatsanwaltschaft II bei dem Landgericht Berlin sind rund 40.000 Ermittlungsverfahren wegen Rechtsbeugung eingeleitet worden. Nur 280 Verfahren kamen zur Anklage. Davon endeten viele mit einem Freispruch. Eine andere Untersuchung[204] spricht von 75.000 Ermittlungsverfahren gegen 100.000 Beschuldigte, aber nur von 1.021 Anklagen gegen 1.737 Angeschuldigte. Davon sind 86 Prozent zur Hauptverhandlung gelangt. 54 Prozent dieser Fälle haben zur Verurteilung geführt, in 24,1 Prozent erging ein Freispruch. Eine Vielzahl rechtsstaatswidriger Urteile der SED-gesteuerten DDR-Justiz blieb damit ungesühnt. Die nüchternen Zahlen sprechen für sich. Die Aufarbeitung des DDR-Unrechts im Bereich Rechtsbeugung ist kläglich gescheitert.

---

204 Klaus Marxen/Gerhard Werle/Petra Schäfter, Die Strafverfolgung von DDR-Unrecht – Fakten und Zahlen, S. 54, herausgegeben von der Stiftung zur Aufarbeitung der SED-Diktatur, Humboldt-Universität zu Berlin 2007

VERSUCHE DER UNRECHTS-BEWÄLTIGUNG

STAATSDOPING

DER FALL SC DYNAMO BERLIN

Im Folgenden geht es um das SED-Verbrechen des Staatsdoping, das „DDR-Zwangsdoping, einer besonders gefährlichen und rücksichtslosen Praxis des Alltags im realen Sozialismus“[205]. Vom 18. März bis zum 7. Dezember 1998 verhandelte die Strafkammer 34 des Landgerichts Berlin gegen vier Trainer und zwei Mediziner des vormals vom Ministerium für Staatssicherheit getragenen Sportclubs Dynamo, nicht etwa wegen verbotenen Dopings, sondern wegen des Vorwurfs der Körperverletzung an minderjährigen Schwimmerinnen. Dabei stellte sich schnell heraus, dass es schwer war, den Sachverhalt personell, zeitlich und örtlich einzugrenzen, zumal die Angeklagten trotz vieler Appelle eine Mauer des Schweigens errichteten. Die Frage war, wer hatte wann, wo und wem anabole Steroide verabreicht?

Die langsam aus einer Vielzahl von Schriftstücken erworbenen Erkenntnisse über Strukturen und Hintergründe waren erschreckend. Der Staats- und Sport-

205 So die Herausgeber Hans-Joachim Seppelt und Holger Schück in ihrem Buch: Anklage: Kinderdoping – Das Erbe des DDR-Sports, Tenea Verlag, Berlin 1999

führung ging es um internationales und nationales Prestige. Dafür nahm sie rücksichtslos den organisierten Einsatz von Dopingmitteln im DDR-Hochleistungssport in Kauf. Es mussten unbedingt Medaillenerfolge und vordere Platzierungen bei internationalen Sportgroßereignissen erreicht werden; die Überlegenheit der sozialistischen Gesellschaftsordnung über den Kapitalismus sollte damit demonstriert werden. Die Zielstellung ging vom Politbüro aus. So wurde der Einsatz von Dopingmitteln, insbesondere anaboler Steroide (männliche Sexualhormone), seit 1974 systematisch organisiert und befohlen. Die Rahmenentscheidungen traf die Leistungssportkommission unter ihrem Vorsitzenden Manfred Ewald. Die Umsetzung in die konkrete Arbeit in den Vereinen und in den wissenschaftlichen Zentren sowie der dafür notwendige Informationsfluss zwischen Sport, Wissenschaft und Politik wurde durch die Leiter und Verantwortlichen des Staatssekretariats für Körperkultur Prof. Dr. Günter Erbach und Prof. Buggel, durch das Forschungsinstitut für Körperkultur und Sport, die Deutsche Hochschule für Körperkultur und den Sportmedizinischen Dienst der DDR (SMD) gesichert. Sie waren in der Leistungssportkommission vertreten. Selbstverständlich wurde die Leistungssportkommission mittelbar über das Politbüro bzw. das Zentralkomitee der SED gesteuert. Verantwortlich gegenüber dem Politbüro war bis 1988 der Präsident des Deutschen Turn- und Sportbundes (DTSB) der DDR Manfred Ewald, selbst Mitglied des ZK der SED. Direktor des SMD war bis 1976 Dr. Günther Welsch, von 1977 an Dr. Dietrich Hannemann. Stellvertretender Direktor des SMD war bis Januar 1975 Dr. Manfred Höppner, der zugleich als Inoffizieller Mitarbeiter des MfS regelmäßig unter dem Namen IM „Technik“ berichtete.

Genaue Kenntnis über das Ausmaß der Organisation und die Leitentscheidungen zur konkreten Anwendung von Dopingmitteln besaß nur ein relativ geringer Teil von Sportfunktionären, Trainern und Wissenschaftlern, da jeder nur so viel wissen durfte, wie er für die Erfüllung seiner Arbeit wissen musste. In der Regel waren in den Sportverbänden der ehemaligen DDR der Generalsekretär, der Verbandsarzt und der Verbandstrainer für den Einsatz von Dopingmitteln verantwortlich. Für die Absicherung und Verschleierung des geheim zu haltenden Einsatzes der leistungssteigernden Mittel, die nach den Statuten der europäischen und weltweiten Sportverbände als unerlaubtes Doping qualifiziert waren, sorgte das Zentralinstitut des SMD in Kreischa mit seinem Doping-Kontroll-Labor unter seinem Leiter Dr. Claus Clausnitzer. Umfassenden Kenntnisstand hatte das Ministerium für Staatssicherheit.

Das Verfahren vor dem Landgericht betraf die Ärzte Dr. Bernd Pansold und Dr. Dieter Binus sowie die Trainer Rolf Gläser, Volker Frischke, Dieter Krause und Dieter Lindemann. Es ging es um die Vergabe von anabolen Steroiden an 19 damals minderjährige Schwimmerinnen des SC Dynamo Berlin in der Zeit von 1975 bis 1984. Sieben von ihnen waren zum Tatzeitpunkt erst zwischen 13 und 16 Jahre alt. Zunächst ist das Verfahren über diesen als gemeinschaftliche Körperverletzung angeklagten Vorwurf gegen alle sechs Angeklagten gemeinsam verhandelt worden, bis der Sektionsarzt Dr. Binus und der Trainer Rolf Gläser ihr Schweigen brachen und das Verfahren gegen sie abgetrennt und vorzeitig beendet werden konnte. Dabei haben beide ihre Tatbeteiligung verharmlost und darauf gesetzt, dass die Opfer aus vielerlei Gründen nicht viel zur Aufklärung des Sachverhalts beitragen könnten. Da waren die lang zurückliegende Zeit und das natürliche Versagen der Erinnerung. Die Opfer waren junge Mädchen in der Pubertät gewesen. Sie waren zum Teil stolz darauf, als erfolgsträchtige Schwimmerinnen für ihr Land ausgewählt worden zu sein. Ihr Trainer hatte ihren Ehrgeiz geweckt. Ihm vertrauten sie blindlings wie einem wohlwollenden Vater, der ihnen keinen Schaden zufügen würde. Sie taten und nahmen ein, was von ihnen verlangt wurde. Was also konnte man von den damals jungen Mädchen nach 20 Jahren für Aussagen erwarten? Würden sie sich erinnern oder auch nur erinnern wollen oder der Versuchung erliegen, nicht den früheren Erfolg durch die Erinnerung, damals gedopt worden, entwerten zu müssen?

Die Rechnung der Täter ging nicht auf. Die Zeuginnen standen die für sie zum Teil peinliche Befragung durch. Ihre Erinnerung war erstaunlich gut. Dazu kam der beeindruckende und zugleich Abscheu verursachende Blick in die Akten der Gauck-Behörde. Abscheu, weil er einen Einblick und Überblick in das perfide Überwachungssystem der DDR und seiner Zuträger gab. Da arbeiteten Trainer, Mediziner, Laborleiter und höchste Sportfunktionäre miteinander in den verschiedensten Einheiten und Kommissionen. Zugleich verabredeten sie sich regelmäßig zu Treffs mit ihren Führungsoffizieren vom MfS und berichteten dort über eigene Interna und über Interna ihrer nächsten Mitarbeiter. Einer der wichtigsten Informanten war Dr. Lothar Kipke, als „IMV Rolf" der verantwortliche Arzt des Schwimmverbands der DDR.

Durch Urteil vom 31. August 1998 hat die Kammer den Trainer Rolf Gläser wegen vorsätzlicher Körperverletzung in neun Fällen zu einer Geldstrafe von 90 Tagessätzen zu je 80,- DM und den Arzt Dr. Binus wegen vorsätzlicher Körperverletzung in zwei Fällen sowie wegen Beihilfe zur vorsätzlichen Körperverletzung in sieben Fällen zu einer Geldstrafe von 90 Tagessätzen zu je 100,- DM verurteilt. Das Verfahren gegen die Trainer Volker Frischke, Dieter Lindemann und Dieter Krause hat die Kammer gegen Zahlung von Geldbußen eingestellt. So beschränkte sich das Verfahren auf den Arzt Dr. Pansold, der umfänglich in die Vergabepraxis der Unerlaubten Mittel eingebunden war: Er war beim SV Dynamo bzw. SC Dynamo Berlin für die Entgegennahme und Genehmigung der Anträge der Sektionsärzte zuständig, mit denen diese die Ausgabe von Oral-Turinabol von der eigenen Apotheke beantragten. Er selbst hat darüber dem MfS unter seinem Decknamen „Jürgen Wendt" berichtet. Zusammen mit dem Sektionsarzt Arzt Dr. Binus und dem Trainer Gläser war er in für die Vergabe anaboler Steroide an neun junge Schwimmerinnen im Spitzenkader des SC Dynamo Berlin verantwortlich. Alle drei wussten, dass die medizinisch nicht indizierte Vergabe der Oral-Turinabol-Tabletten in einer Dosis von 150 mg über drei bis vier Wochen sowie die intramuskuläre Injektion von Depot-Turinabol die Gesundheit der Schwimmerinnen erheblich gefährdete. Sie nahmen bewusst in Kauf, dass bei den Schwimmerinnen Nebenwirkungen in Form einer Vermännlichung, verstärkter Akne, Leberschäden, Herzerkrankungen, einem Tieferwerden der Stimme, einer Zunahme der Behaarung im Gesicht, an der Brust und im Schambereich sowie des Gewichts auftreten konnten.

Keinem der jungen Mädchen wurde erklärt, um was es sich bei den blauen Oral-Turinabol-Tabletten handelte. Sie wurden im Gegenteil aufgrund zentral organisierter Geheimhaltung bewusst dahingehend belogen, dass es sich bei den Tabletten und bei den Spritzen um „Vitamine“ und „Aufbaustoffe“ handele, durch die das Training besser vertragen werden könne. Weder ihr Einverständnis noch das ihrer Eltern wurde eingeholt. Die Vergabe der Tabletten hatte der Trainer Gläser vorgenommen. Die Spritzen hatte in zwei Fällen Dr. Binus gesetzt. Bei allen neun Schwimmerinnen kam es infolgedessen zu Hormonstörungen, die unter anderem auch den Zyklus der Eierstöcke beeinflussen. Ebenso kam es zu einer Beeinträchtigung des Fettstoffwechsels, der das Risikoprofil für Herz-Kreislauf-Erkrankungen ungünstig beeinflusst. Bei fünf Mädchen trat zeitweise eine signifikante Stimmvertiefung ein. Bei einer Schwimmerin kam es zur Zerstörung von Leberzellen, bei einer weiteren wurde ein gutartiger Lebertumor verursacht. Bei einer Schwimmerin kam es zu einer verstärkten Behaarung im Gesichtsbereich, besonders auf der Oberlippe. Zur Sachkunde hatte die Strafkammer als Sachverständige den Pharmakologen Prof. Dr. Rietbrock und den Gynäkologen Prof. Dr. Lübbert von der Freien Universität Berlin beigezogen, der die als Zeuginnen angehörten, inzwischen erwachsenen Frauen untersuchte.

Dr. Pansold ist wegen Beihilfe zur Körperverletzung zu einer Geldstrafe von 180 Tagessätzen zu je 80,- DM verurteilt worden, wobei das Strafmaß dem milderen Gesetz der DDR entnommen worden ist.[206] Die Strafverfolgung war trotz des lange zurückliegenden Zeitraums nicht verjährt. Die durch geheime Verabreichung anaboler Steroide an minderjährige Schwimmerinnen begangenen Körperverletzungen wurden aus politischen Gründen vorgenommen und geheim gehalten. Sie wurden in der DDR bewusst nicht strafrechtlich verfolgt. Der Bundesgerichtshof nannte die Taten schwerwiegende Rechtsbrüche und hat das Urteil des Landgerichts Berlin am 9. Februar 2000 bestätigt.[207]

In dem Prozess hatten sich erstmals „Doper vor einem deutschen Strafgericht verantworten“ müssen.[208] Dabei ging es nicht um die Strafbarkeit des Dopings an sich, sondern um die dadurch begangene strafbare Körperverletzung. Doping ist – wie die aktuellen Ereignisse bis heute beweisen – eine unendliche Geschichte. Bei der Aufarbeitung und Klärung ist in erster Linie der Sport gefordert. Es war auch nicht die Aufgabe des Gerichts, die Doping-Praxis moralisch zu werten. Aktive, Trainer und Funktionäre bis hin die höchste Spitze haben sich durch den Umgang mit Doping und den Erklärungen in der Öffentlichkeit dazu selbst gerichtet.

206 Urteil des Landgerichts Berlin vom 7.12.1998 – AZ: (534) 28 Js 39/79 KLs (33/97).

207 Beschluss des BGH vom 9.2. 2000 – AZ 5 StR 451/99

208 Holger Schück, Aktenzeichen Doping. Vom Beckenrand ins Kriminalgericht, S. 229 ff., in: Anklage: Kinderdoping – Das Erbe des DDR-Sports, a.a.O.

VERSUCHTER MORD IM AUFTRAG DER STASI

DER FALL HAACK / WELSCH

Im Rahmen der Aufarbeitung des SED-Unrechts von Bedeutung war auch das Strafverfahren zum sogenannten „Bulettenmord“ aus dem Jahr 1994, weil es einen Blick auf die Praxis des MfS zulässt. Angeklagt war der 52 Jahre alte Handelsvertreter Peter Alfons Haack. Unter dem ihm vom Ministerium für Staatssicherheit der DDR verliehenen Alias-Namen Peter Alfons Schaack hatte er 1981 im Auftrag des MfS einen Mordauftrag gegen den Fluchthelfer Wolfgang Welsch auszuführen versucht. Ebenfalls angeklagt war der Oberst beim MfS Franz August Mattern. Gegen ihn musste das Verfahren während der laufenden Hauptverhandlung im November wegen einer schweren Kehlkopferkrankung abgetrennt und durch Beschluss eingestellt werden. Mattern ist kurze Zeit danach verstorben. Das Ermittlungsverfahren richtete sich auch gegen den Leiter der Hauptabteilung VI des MfS Generalmajor Dr. Heinz Fiedler. Er nahm sich am 15. Dezember 1993 während der Untersuchungshaft in der Justizvollzugsanstalt Moabit in Berlin das Leben.

Nach einer 17-tägigen Beweisaufnahme vom 1. September bis zum 28. November 1994 hat die Strafkammer 27 des Landgerichts Berlin die Überzeugung gewonnen, dass sich der Angeklagte des dreifachen Mordversuches schuldig gemacht hat. Der festgestellte Sachverhalt liest sich wie ein Kriminalroman: Im Jahre 1969 wohnte der Angeklagte Haack im West-Berliner Stadtteil Kreuzberg. Er arbeitete für die Firma ELTEC auf der Baustelle Plänterwald im Ostteil der Stadt. Zur Einreise nach Ost-Berlin hatte er ein für ein Vierteljahr gültiges Dauervisum erhalten, das er auch dazu benutzte, sich außerhalb seiner Arbeitszeiten in Ost-Berlin aufzuhalten. Bei seinen Besuchen in Lokalen und Diskotheken baute er sich einen festen Bekanntenkreis auf. Da er mit Westgeld bezahlte, war er überall ein gern gesehener Gast. So befreundete er sich in dieser Zeit mit der in Ost-Berlin wohnenden Ilona Bühlow, sodass er auch häufig über Nacht in Ost-Berlin blieb. In der DDR erschien ihm alles wohlgeordnet; es gefiel ihm insgesamt besser als im Westen und er fühlte sich wohl. Als das Visum nach Beendigung der Arbeit auf der Baustelle abgelaufen war, fuhr Haack häufig mit einem 24-Stunden-Visa nach Ost-Berlin. Da er oft die Zeiten der Visagültigkeit überschritt, fiel er den Grenzbeamten der DDR auf. Im Dezember 1969 oder Januar 1970 sprach ihn erstmals ein Grenzer der DDR an, ob er nicht für die DDR etwas tun wolle; der Angeklagte zeigte jedoch kein Interesse. Im Februar oder März 1970 wurde er erneut am Grenzübergang in der Heinrich-Heine-Straße angesprochen, wie er es so in der DDR finde und ob es ihm dort gefalle. Da Haack sich ohnehin mit dem Gedanken trug, sich eine Existenz in der DDR aufzubauen, unterschrieb er eine Erklärung, in der er sich verpflichtete, für das Ministerium für Staatssicherheit der DDR (MfS) zu arbeiten.

Anfangs erteilte ihm sein Führungsoffizier Klaus Hänsel bei Treffen im Bezirk Prenzlauer Berg kleinere Aufgaben. Er sollte recherchieren, ob eine bestimmte Person an der angegebenen Adresse in West-Berlin wohnte und sich dort nachts aufhielt. Klaus Hänsel stellte ihn seinem Vorgesetzten Oberst Franz August Mattern vor, der ihn dazu einsetzte, gezielt in West-Berlin Fluchthelfer zu observieren. Man erklärte ihm, hauptsächlich werde wichtigen Leuten wie Technikern und Ärzten die Flucht ermöglicht, was der DDR sehr schade. Um im Westen nicht aufzufallen, bewarb sich Haack weisungsgemäß bei einer Spedition, damit er wieder einen Grund für die Beantragung eines Dauervisums hatte. Um in der DDR nicht aufzufallen, erhielt Haack von Hänsel einen Personalausweis und einen Führerschein, die auf den Alias-Namen Peter Alfons Schaak ausgestellt waren; 1981 wurde der Nachname für die Heirat in die Schreibweise Schaack geändert. Diese Papiere durfte Haack allerdings nur in der DDR benutzen, beim Grenzübertritt musste er sie jeweils wieder abgeben.

Bis 1977/1978 wurde der Angeklagte insbesondere mit der Aufklärung westdeutscher Fluchthilfeorganisationen beauftragt. Hänsel und Mattern erkannten seine Fähigkeit, schnell Kontakt zu anderen Menschen herzustellen. Haack hatte Bekanntschaft zu entsprechenden Fluchthelferkreisen in West-Berlin gefunden. Er führte Hunderte von Aufträgen aus, berichtete dem MfS über neue Fluchthilfemethoden, Schwachstellen in Drittländern im Ostblock und benannte konkret fluchtwillige Personen, sodass diese noch rechtzeitig vom MfS verhaftet werden konnten. Hinsichtlich dieser Vorgänge leitete die Staatsanwaltschaft später ein besonderes Ermittlungsverfahren ein. 1977/1978 erteilte das MfS dem Angeklagten zur Vorbereitung eines neuen Auftrags die Anweisung, nach London zu gehen und sich dort Arbeit und Wohnung zu suchen. Er erhielt monatlich 800,- DM und Reisespesen für seine Fahrten zur Berichterstattung nach Ost-Berlin. Da diese Summe für ein Leben in London nicht ausreichte, verrichtete der Angeklagte Haack verschiedene Gelegenheitsarbeiten, so auch als Fahrer. Er fand eine kleine Wohnung. Später machte er ein Fotostudio auf; die Tätigkeit als Fotograf sollte ihm als Tarnung dienen.

Nach dem Bau der Mauer im Jahre 1961 hatte das MfS registrieren müssen, dass viele Bewohner der DDR versuchten, ihr Land zu verlassen, entweder indem sie die Grenzanlagen direkt überwanden oder andere Wege fanden, etwa über Drittländer in den Westen auszureisen. Verschiedene Einzelpersonen und Gruppen in der Bundesrepublik organisierten aus den unterschiedlichsten Motiven Fluchten aus der DDR oder leisteten in vielfältiger Weise hierzu Hilfe. Deshalb arbeitete das Ministerium für Staatssicherheit der DDR daran, diese Fluchthelfer und deren Organisationen aufzuklären und entsprechende Maßnahmen zur Verhinderung weiterer Schleusungen fluchtwilliger DDR-Bürger zu ergreifen. Innerhalb des MfS war hierfür die Hauptabteilung (HA) VI zuständig. Leiter war von Ende 1970 bis zur Wende 1989 Generalmajor Dr. Heinz Fiedler. Zunächst wurde Haack als inoffizieller Mitarbeiter unter dem Decknamen „Alfons" von der Operativdienststelle (OPD) Berlin geführt, einer Abteilung innerhalb der Hauptabteilung VI. Als Führungsoffizier fungierte der hauptamtliche Mitarbeiter

Klaus Hänsel; von Anfang an war der Abteilungsleiter der OPD Oberst Mattern in den Kontakt mit eingebunden. 1976 wurde die Bekämpfung verschiedener Fluchthelferorganisationen, im Sprachgebrauch des MfS „kriminelle Menschenhändlerbanden", im Zentralen Operativvorgang (ZOV) „Skorpion" zusammengefasst. Ziel war in diesem Vorgang auch die von Wolfgang Welsch mit Unterstützung seiner Ehefrau Hilde betriebene Fluchthilfeorganisation „Institut Dr. Ulrich Otto".

WOLFGANG WELSCH

Wolfgang Welsch war 1960 in die Bundesrepublik Deutschland geflüchtet, fand sich dort aufgrund seines noch jugendlichen Alters allein nicht zurecht und kehrte noch im gleichen Jahr freiwillig in die DDR zurück. Da er sich – unter anderem auch bei Dichterlesungen – kritisch gegenüber dem DDR-Regime äußerte, wurde er in der DDR mehrfach, unter anderem wegen „staatsgefährdender Propaganda und Hetze" sowie wegen Vorbereitung des bzw. versuchten illegalen Verlassens der DDR, zu Freiheitsstrafen verurteilt. Insgesamt saß er fast sieben Jahre in der DDR in Haft. Im März 1971 wurde er auf dem Wege des Freikaufs aus der Haft in die Bundesrepublik Deutschland entlassen. In der Folgezeit hielt er im Westen öffentliche Vorträge über die Verhältnisse in der DDR und besonders über das MfS. Vor allem leitete er bis Anfang der achtziger Jahre die Fluchthelferorganisation mit der Bezeichnung „Institut Dr. Ulrich Otto". Seine Ehefrau Hilde, die ihn dabei unterstützte, wurde 1976 bei dem Versuch, zwei fluchtwilligen Personen falsche Pässe für die Ausreise zu übergeben, in Sofia festgenommen, kam zwar gegen die Zahlung einer größeren Geldsumme wieder frei, war aber in den Beobachtungskreis des MfS geraten. Da die Eheleute Welsch mit einer Überwachung durch das MfS rechneten, brachten sie unter anderem an ihrem Haus in Weinheim kein Namensschild an und waren im Telefonbuch nicht verzeichnet. Der Telefonanschluss war auf einen anderen Namen bei der Post angemeldet. Bis etwa 1984/1985 schleuste die Fluchthilfeorganisation eine größere Anzahl von Menschen aus der DDR heraus, überwiegend Personen mit hochqualifizierten Berufen wie Ärzte, Wissenschaftler und Ingenieure, um so der DDR gleichzeitig einen möglichst großen Schaden zuzufügen.

Um die Aktivitäten von Wolfgang Welsch näher aufzuklären, sollte Haack unter Verwendung seiner Legende als in London lebender Fotograf an Wolfgang und Hilde Welsch herantreten und die Urlaubssituation in Griechenland ausnutzen, um mit der Familie in Kontakt zu kommen. Ein erster Versuch im Jahre 1978 war nicht erfolgreich. Im Sommer 1979 erteilte das MfS Haack erneut den Auftrag, nach Griechenland zu reisen, um mit Wolfgang Welsch Kontakt aufzunehmen. Diesmal gelang es Haack, mit dem Ehepaar Welsch näher ins Gespräch zu kommen. Er stellte sich als in London lebender deutscher Fotograf vor, konnte aber nichts über die Fluchthilfeaktivitäten in Erfahrung bringen. Am Ende des Urlaubs verabredete man, sich in London oder in Weinheim wiederzusehen. Nachdem Haack dies Fiedler und Mattern berichtet hatte, wurde er von diesen beauftragt, die

Familie Welsch entweder nach London einzuladen oder sie in Weinheim zu besuchen.

Es kam in der Folgezeit zu gegenseitigen Besuchen in London und Weinheim. Haack gelang es, ein derart freundschaftliches Verhältnis zu dem Ehepaar aufzubauen, dass diese ihn als besten „Freund der Familie“ ansahen. Dadurch konnte er nun jederzeit bei der Familie Welsch in Weinheim ohne Einladung oder große Vorankündigung vorbeikommen. Als Vorwand für seine Besuche benutzte er jeweils seine Legende als Fotograf und gab in der Regel an, beruflich unterwegs zu sein. Von allen Begegnungen fertigte Haack Berichte für das MfS an, sodass es dem MfS gelang – zum Teil unter Einsatz weiterer Mitarbeiter – die Lebensverhältnisse der Familie Welsch fast vollständig aufzuklären und erste Schritte gegen deren Fluchthilfeorganisation einzuleiten.

Im Sommer 1980 machte Haack erneut in Griechenland zusammen mit dem Ehepaar Welsch Urlaub und fertigte auch hiervon wiederum Berichte für das MfS. Da die Fluchthilfeorganisation von Wolfgang und Hilde Welsch äußerst effektiv arbeitete und das MfS bis zu diesem Zeitpunkt noch kein wirksames Mittel zur Verhinderung dieser Schleusungen gefunden hatte, beschloss die HA VI im Jahre 1980 die Durchführung von „Kampfmaßnahmen“ gegen das Ehepaar. In der Bearbeitungskonzeption zum ZOV „Skorpion“ unter dem Datum 22. Mai 1980 heißt es unter anderem, dass „im Mittelpunkt der Maßnahmen die Durchführung von Kampfmaßnahmen gegen das Ehepaar Welsch stehen, wobei Möglichkeiten zur finanziellen und materiellen Schädigung zu prüfen und durchzuführen sind“. An einer anderen Stelle der genannten Konzeption ist ausgeführt, dass die Ergebnisse des Einsatzes des IM „Alfons“ die Voraussetzungen „für die Einleitung von Kampfmaßnahmen gegen die Familie Welsch in den Sommermonaten dieses Jahres bilden“. Als Termin wurde Juni 1980 genannt. Da es der HA VI auch nach dem weiteren Urlaubsaufenthalt des Angeklagten Haack mit der Familie Welsch 1980 nicht gelungen war, die Fluchthilfeaktionen des Ehepaars entscheidend einzuschränken, insbesondere der IM „Alfons“ nicht ohne größeren Gewinn dem Risiko der Enttarnung ausgesetzt werden sollte, fassten die Verantwortlichen im MfS Anfang 1981 den Entschluss, Wolfgang Welsch zu töten. Beteiligter an diesem Plan war der damalige Leiter der HA VI, Generalmajor Dr. Fiedler. Inwieweit auch dessen Vorgesetzte Beater und Dr. Neiber, eventuell auch der damalige Minister Erich Mielke, in die Planung eingeweiht waren, konnte in der Hauptverhandlung nicht aufgeklärt werden.

Die Ausführung und nähere Erarbeitung der Einzelheiten oblag der HA VI und damit Generalmajor Dr. Fiedler. Der Führungsoffizier Peter Theil wurde von seiner Aufgabe weitgehend entbunden, Haack wurde nun unmittelbar vom Leiter der OPD Berlin, Oberst Mattern, geführt und hatte diesem, in der Regel in Anwesenheit Fiedlers, zu berichten. Im Frühjahr 1981 fanden mehrere Besprechungen in konspirativen Wohnungen (KW) in Zeuthen und Köpenick (Schlösschen in Wendenschloss) statt. Es wurden Möglichkeiten erörtert, Wolfgang Welsch unter Ausnutzung der von Haack gewonnenen Vertrauensposition auszuschalten, ohne den Verdacht auf das MfS zu lenken. Generalmajor Dr. Fiedler äußerte bei diesen Gesprächen deutlich, Wolfgang Welsch solle aus dem

Leben gehen und unterbreitete zunächst den Plan, auf die Yacht von Welsch einen Sprengstoffanschlag zu verüben, um ihn so zu töten. Der Anschlag sollte in Griechenland ausgeführt werden; Haack sollte den Sprengstoff im Hohlraum eines eigens für diesen Zweck präparierten VW Passat, den er zuvor in West-Berlin zu diesem Zweck für das MfS erworben hatte, nach Griechenland bringen. Um die Grenzkontrollen der einzelnen Länder auszukundschaften, unternahm

Haack eine Testfahrt von Ost-Berlin nach Griechenland. Sprengstoff hatte er jedoch nicht dabei. Oberst Mattern folgte Haack in einem Mercedes bis zur griechischen Grenze. Der Plan eines Sprengstoffattentats wurde jedoch fallengelassen; unter anderem aufgrund der vom Angeklagten Haack erhobenen Einwände und weil Wolfgang Welsch letztlich entgegen seiner Ankündigung keine Yacht erwarb. Ein weiterer Plan, Wolfgang Welsch anlässlich einer Urlaubsreise nach Israel an der libanesischen oder syrischen Grenze von einem Scharfschützen töten zu lassen, wurde fallengelassen, da man internationale Verwicklungen befürchtete.

DER PLAN

Bei einem weiteren Treffen in der KW Wendenschloss etwa im Mai 1981, an dem neben dem Angeklagten Haack wieder Oberst Mattern und Generalmajor Dr. Fiedler teilnahmen, eröffnete Letzterer den Plan, Haack solle die Familie Welsch zu einem gemeinsamen Urlaubsaufenthalt in Israel bringen; er, Fiedler, werde Haack etwas mitgeben, das er bei günstiger Gelegenheit ins Essen mischen solle. Der Anschlag sollte Wolfgang Welsch gelten; sollte auch Hilde Welsch getroffen werden, sei das ein erwünschter Nebeneffekt. Fiedler sagte, Welsch werde ein paar Tage später krank werden; daran könne Haack erkennen, dass die Wirkung einsetze, dann solle er zurückkommen. Fiedler zeigte Haack an diesem Tag ein Fläschchen mit weißem Pulver; dies sollte die zu verabreichende Substanz darstellen. Haack war klar, dass es sich hierbei um tödliches Gift handelte, das nicht nur Magenschmerzen verursachte. Was er nicht wusste, war, dass es sich dabei um Thallium, um Rattengift handelte. Bei einem weiteren Treffen zwischen Haack, Mattern und Fiedler wurde Haack ein Togal-Fläschchen ausgehändigt. Fiedler erklärte Haack, dass die am Boden befindliche Substanz das beizubringende Gift darstelle; zur Tarnung seien echte Togal-Tabletten darübergelegt, sodass bei einer Kontrolle bei der Einreise nach Israel das Gift als Tablettenabrieb unbemerkt bleibe. Schon die Hälfte der Giftmenge sei tödlich. Haack solle sich das Gift aufteilen, damit er im Falle des Fehlschlagens des ersten Versuchs eine Möglichkeit zu einem weiteren Anschlag habe. Weiterhin erhielt Haack etwa 6.000 bis 8.000 DM Bargeld sowie neue Bekleidung und eine hochwertige Kameraausrüstung.

DIE TAT

Im Juni 1981 teilte Haack entsprechend seiner vom MfS verliehenen Legende telefonisch Wolfgang Welsch von London aus mit, dass er für eine englisch-amerikanische Agentur ein Foto-Team in Israel begleiten solle. Er habe ein Auto zur Verfügung, sodass es sich doch anbieten würde, dass Welsch mit seiner Familie in dieser Zeit nach Israel komme, um dort Urlaub zu machen; dann könne man auch einige Tage zusammen verbringen und eine Rundreise machen. Da Wolfgang Welsch mit seiner Familie im Jahr zuvor kurz in Israel gewesen war, dieser Aufenthalt ihm sehr gefallen hatte und er auch gerne wieder den Urlaub mit Haack verbringen wollten, ging er auf das Angebot ein. Der Angeklagte Haack flog Anfang Juli 1981 von

London aus nach Tel Aviv und nahm sich zunächst ein Zimmer in einem Hotel in Acre. In dem Hotel lernte er eine jüngere Frau, etwa Mitte zwanzig, kennen, die sich als amerikanische Jüdin ausgab. Als Haack von der geplanten Rundreise mit der Familie Welsch erzählte, zeigte sie sofort Interesse, sodass Haack sie einlud, an dieser Fahrt teilzunehmen. Er glaubte, es mache sich gegenüber Welsch gut, eine Freundin mitzubringen. Die Identität dieser Frau konnte nicht geklärt werden; da keiner der Beteiligten sich später an ihren Namen erinnerte, wurde ihr nachträglich von Wolfgang Welsch für Presseartikel der Vorname „Susan“ gegeben.

Verabredungsgemäß trafen Wolfgang, Hilde und ihre siebenjährige Tochter Nathalie Welsch am 12. Juli 1981 in Israel ein; Haack holte sie vom Flughafen in Tel Aviv ab und brachte sie nach Cäsarea in eine Feriensiedlung in einem Kibbuz, wo er bereits für die Familie einen Bungalow gebucht hatte. Er selbst begab sich wieder nach Acre unter dem Vorwand, er müsse vorerst noch bei seinem Team bleiben. Als Haack sie am nächsten oder übernächsten Tag besuchte, erklärte Wolfgang Welsch, dass sie nicht in dem Bungalow bleiben wollten, da sich in unmittelbarer Umgebung ein Elektrizitätswerk mit qualmenden Schloten befand. Deshalb holte Haack die Familie am dritten Tag nach ihrer Ankunft wieder ab; gemeinsam fuhr man nach Tel Aviv und mietete sich dort ein Wohnmobil für die geplante Rundreise. In Tel Aviv stieß noch „Susan" aus dem Hotel in Acre zu ihnen, die Haack der Familie Welsch als seine Freundin vorstellte, die sie begleiten werde. Am ersten Tag kauften alle zusammen in einem Supermarkt in Haifa Vorräte für die Reise ein. Hilde Welsch wählte hier fatalerweise unter anderem ein Paket Hackfleisch, das im Tiefkühlfach des Wohnmobils aufbewahrt wurde.

Die Rundreise führte von Tel Aviv über Jerusalem ins West-Jordanland, an die Oase En Gedi am Toten Meer und von dort nach Elat. In Elat verbrachte der Angeklagte Haack eine Nacht im Hotel. Hier nutzte er eine unbeobachtete Gelegenheit, um auszuprobieren, wie löslich das ihm mitgegebene Gift war. Allein in seinem Hotelzimmer, nahm er die Hälfte der ihm übergebenen Giftmenge und schüttete sie in ein Glas Bier. Das Gift löste sich jedoch nicht gleich auf, sondern setzte sich am Boden des Glases in kristallisierter Form ab. Daraus schloss Haack, dass er die richtige Gelegenheit abwarten und das Gift einer festen Speise beifügen müsse. Die Gruppe fuhr anschließend weiter bis Sharm El Sheikh, kehrte dann wieder um, da nur noch zwei Tage Zeit verblieben waren. Haack entschloss sich, die nächste sich ihm bietende Gelegenheit zu nutzen, um seinen Auftrag auszuführen.

Es war geplant, in Coral Island am Roten Meer nochmals zu übernachten und am nächsten Tag am Toten Meer entlang über Jerusalem nach Tel Aviv zu fahren, um dort das Wohnmobil wieder abzugeben.

Am 21. Juli 1981 machten alle gegen Nachmittag bei Coral Island Halt. Das Wohnmobil wurde etwas entfernt vom Wasser abgestellt. Wolfgang, Hilde und Nathalie Welsch wollten baden gehen. Haack sah an diesem Tag seine letzte Möglichkeit, seinen Auftrag auszuführen. Einerseits war ihm die Familie Welsch, wie er später aussagte, zwar sehr sympathisch, sodass ihm die Idee, sie zu töten, eher unangenehm gewesen sei, andererseits wusste er, dass Dr. Fiedler und das MfS über die entsprechenden Mittel und Wege verfügten, nachzuprüfen, ob er den Anschlag auch tatsächlich ausgeführt hatte. Für den Fall, dass er den Anschlag nicht wie von ihm erwartet ausführte, fürchtete er um seine materiellen Vorteile, da er sich gerade nach der Geburt seines ersten Kindes in der DDR eine Familie aufbauen wollte. Er hätte zwar auch die Möglichkeit gesehen, den Anschlag nicht auszuführen und sich stattdessen dem Bundesnachrichtendienst anzuvertrauen. Für diesen Fall hätte er jedoch gefürchtet, dass das MfS ihm als Verräter nach dem Leben trachten würde. Weiterhin hätte er die Gefahr gesehen, dann nicht mehr in die DDR einreisen und seine gerade geborene Tochter und seine zukünftige Frau nicht mehr sehen zu können. In dieser Situation entschloss sich Haack, die Abwesenheit der anderen zu nutzen, um aus dem Hackfleisch eine Mahlzeit zuzubereiten und in dieses Essen den Rest des Giftes zu mischen.

Diesem Tatplan entsprechend erklärte Haack, die anderen sollten ruhig zum Schwimmen gehen, er werde derweil aus dem noch im Kühlfach befindlichen Hackfleisch Buletten machen, die dann später gegessen werden könnten. Die drei Welschs entfernten sich daraufhin vom Wohnmobil und gingen ans Wasser.

Als auch die mitreisende junge Frau, „Susan“, das Wohnmobil verließ, bereitete Haack aus dem Hackfleisch die Buletten zu. Als er sich sicher war, nicht beobachtet zu werden, gab er von der noch verbliebenen Hälfte des ihm von Dr. Fiedler ausgehändigten Giftes eine Menge von mehr als einem Gramm Thallium in das Hackfleisch. Haack wusste zu diesem Zeitpunkt zwar nicht, um was für eine Substanz es sich dabei handelte, er wusste aber, dass Wolfgang Welsch nach dem Willen von Dr. Fiedler damit liquidiert werden sollte und dass es als erwünschter Nebeneffekt galt, wenn auch Hilde Welsch dabei sterben würde. Ihm war klar, dass die Hälfte der ursprünglichen Menge in jedem Fall tödlich war. Da Haack bekannt war, dass Wolfgang Welsch Buletten sehr gern aß, zählte er darauf, dass dieser die Hauptmenge zu sich nehmen würde; ihm war allerdings ebenso klar, Hilde und auch Nathalie Welsch könnten ebenfalls von den Buletten essen. Er rechnete damit, dass die gesamte Familie Welsch an den vergifteten Buletten sterben könnte und nahm ihren Tod billigend in Kauf.

So bereitete er aus dem etwa einen Kilo Hackfleisch etwa 15 bis 20 Buletten. Als die Welschs vom Baden zurück waren und auch „Susan“ sich wieder beim Wohnmobil eingefunden hatte, fing Haack an, in einer kleinen Pfanne nach und nach die Buletten zu braten und sie anschließend vor dem Wohnmobil auf den Tisch zu stellen, an dem die übrigen Reiseteilnehmer zwischenzeitlich Platz genommen hatten. Durch die Betriebsamkeit, die Haack beim Zubereiten der Buletten an den Tag legte, gelang es ihm zu vertuschen, dass er selbst überhaupt nichts aß. Haacks Begleiterin sagte, sie sei amerikanische Jüdin und esse nur koscheres Fleisch, sie könne von dem Hackfleisch nichts zu sich nehmen. Wolfgang Welsch hatte keinerlei Bedenken, die von seinem „besten Freund“ zubereiteten Buletten zu essen und vertilgte den größten Teil. Seine Frau aß mindestens ein bis zwei Buletten, die Tochter nahm nur eine halbe zu sich. Da einige Bulette übrig blieben, boten Hilde oder Wolfgang Welsch diese zwei oder drei deutschen Motorradfahrern an, die zufällig in der Nähe an einem Tisch saßen. Haack sah, wer von den Buletten aß, und bemerkte auch die Weitergabe an die Motorradfahrer, unternahm jedoch nichts dagegen.

Nach dem Essen brach die Reisegruppe zur Oase En Gedi auf. Man hoffte, dort sei es kühler und man könnte dort übernachten. Als die Gruppe feststellte, dass es auch hier noch sehr heiß war, entschloss sie sich, noch an diesem Abend nach Jerusalem zu fahren. Während der Fahrt wurde Hilde und Nathalie Welsch plötzlich schlecht. Der am Steuer sitzende Wolfgang Welsch musste anhalten. Hilde Welsch war infolge der Übelkeit schon auf dem Beifahrersitz zusammengesunken. Wolfgang Welsch konnte seine Frau gerade noch aus dem Wagen heben, als sie schon begann, sich außerordentlich heftig und nachhaltig zu erbrechen; dieser Zustand dauerte etwa eine halbe Stunde an. Auch Nathalie musste sich übergeben, jedoch nicht ganz so heftig; Wolfgang Welsch hingegen verspürte zu dieser Zeit keinerlei Übelkeit. Als es Hilde und Nathalie wieder besser ging, setzte die Gruppe die Fahrt nach Jerusalem fort, wo sie dann die Nacht im Wohnmobil verbrachte. Am Morgen fuhren sie nach Tel Aviv weiter und gaben das Wohnmobil wieder ab. Anschließend verabschiedete sich Haacks

Begleiterin; weder Haack noch die Familie Welsch haben sie jemals wiedergesehen oder irgendetwas über ihre Person in Erfahrung bringen können.

Haack und die Familie Welsch mieteten in Tel Aviv einen PKW und fuhren zu viert zu den Golan-Höhen und nach Sefat. Auf dieser Fahrt traten bei Wolfgang Welsch die ersten Anzeichen der Vergiftung auf; er verspürte ein Kribbeln in den Zehen. Zunehmend hatte er das Gefühl, als würden ihm die Füße einschlafen. Am nächsten Tag setzte sich dieses Gefühl im ganzen Fuß und im unteren Beinbereich fort. Welsch nahm zunächst an, dies sei auf das viele Autofahren zurückzuführen, und erzählte dem Angeklagten von seinen Beschwerden. Haack erklärte gleich nach der Ankunft in Safed, er müsse dringend sein Team anrufen, und entfernte sich. Er hatte erkannt, dass das Gift, wie von Fiedler beschrieben, langsam anfing zu wirken. Um einer Gefährdung seiner Person zuvorzukommen, suchte er einen Vorwand, um sich abzusetzen, bevor die volle, möglicherweise tödliche Wirkung einsetzte.

Auf der Rückfahrt über Haifa nach Tel Aviv, wo Haack zum Flughafen gebracht werden sollte, verstärkten sich die Beschwerden bei Wolfgang Welsch. Er hatte nun Schmerzen in beiden Beinen und suchte in Haifa einen Arzt auf. Da jegliche Anhaltspunkte für die Ursache der Schmerzen fehlten, diagnostizierte der Arzt eine Venenentzündung, gab Welsch ein Schmerzmittel und riet ihm, Sonne und Alkohol zu meiden. Am Flughafen in Tel Aviv verabschiedete sich Haack von der Familie Welsch und gab an, er müsse nach Ägypten fliegen, um dort sein Team zu treffen. Die Familie Welsch solle die ihr noch verbliebenen vierzehn Tage Urlaub in dem von ihm bereits reservierten Bungalow in Elat verbringen. Haack versprach, er werde nach Elat nachkommen, sobald er von seinem Team wegkönne, und flog nach Ägypten. Von dort teilte er telefonisch unter einer konspirativen Telefonnummer in Ost-Berlin mit, der Anschlag habe geklappt. Daraufhin wurde er auf dem schnellsten Weg nach Ost-Berlin zurückbeordert. In Ost-Berlin eingetroffen, erstattete er Dr. Fiedler und Mattern in einer konspirativen Wohnung Bericht und wurde daraufhin von beiden belobigt. Anschließend fertigte er noch einen schriftlichen Bericht über die Ereignisse an.

DIE FOLGEN DER TAT

Die Familie Welsch verbrachte die letzten beiden Urlaubswochen wie vorgesehen in Elat. Da Wolfgang Welschs Schmerzen immer stärker wurden und immer höher zogen und zuletzt erste Anzeichen einer Atemlähmung auftraten, suchte Welsch nochmals einen Arzt auf, der nichts finden konnte und ebenfalls den Rat erteilte, Sonne und Alkohol zu meiden. Wolfgang Welsch ging nach den vergeblichen Arztbesuchen lediglich von einer harmlosen Venenentzündung aus und bekämpfte seine Schmerzen dadurch, dass er tagsüber möglichst viel Flüssigkeit, vorwiegend Bier, zu sich nahm und sich den ganzen Tag im Swimming-Pool aufhielt, da die Schmerzen im Wasser erträglich waren. Die Nächte verbrachte er in hockender Stellung im Bett, da er nur so die Schmerzen aushalten konnte. Hilde und Nathalie Welsch hatten keine Schmerzen oder ähnliche Symptome. Als die letzten vierzehn Tage ohne ein Zeichen vom Angeklagten

Haack vergangen waren, flog die Familie mit dem gebuchten Linienflug nach Frankfurt am Main zurück. Dort wurde Wolfgang Welsch sofort in das Klinikum der Stadt Mannheim gebracht, da er vor Schmerzen nicht mehr gehen konnte.

Acht Tage blieb er in der Klinik. Trotz Taubheitsgefühl in beiden Beinen, Gelenkschmerzen, aktivem und passivem Bewegungsschmerz in beiden Beinen, Herzstichen und Lichtempfindlichkeit auf beiden Augen konnten die Ärzte die Ursache nicht finden, da sie keinerlei Anhaltspunkte für eine Thallium-Vergiftung hatten und Welsch ebenfalls keinen Hinweis in diese Richtung geben konnte. Er war völlig ahnungslos. Am 19. August 1981 wurde er aus der Klinik entlassen; die Ärzte sahen keinen Ansatzpunkt für eine Behandlung und gingen davon aus, dass die Schmerzen ihre Ursache im psychischen Bereich hatten. Aus Verzweiflung begab sich Welsch zu einem Wunderheiler, der eine entzündliche Veränderung des Rückenmarks zu erkennen glaubte und ihn nach „Behandlung“ als geheilt nach Hause schickte. Am gleichen Tag war in der Mannheimer Klinik das Ergebnis einer bei Wolfgang Welsch am 17. August 1981 entnommenen Blutprobe eingetroffen. Sie wies einen wesentlich erhöhten Urin-Thallium-Spiegel und einen erhöhten Serum-Thallium-Spiegel auf. Der Stationsarzt teilte Welsch dies noch am Abend mit und bewegte ihn dazu, aufgrund der akut bestehenden Lebensgefahr bei diesen Thallium-Werten sofort ins Krankenhaus zu kommen. Wolfgang Welsch befand sich dann nochmals dreizehn Tage stationär im Mannheimer Klinikum. Unter der jetzt eingeleiteten Behandlung besserte sich sein Zustand täglich, auch die Schmerzen wurden geringer und waren gegen Ende des Krankenhausaufenthaltes endgültig verschwunden. Ein am Entlassungstag entnommener Thallium-Spiegel zeigte im Blut und Urin immer noch eine allerdings nun geringere Konzentration. Welsch wurde danach weitere zwölf Wochen mit Medikamenten behandelt. Als Folgen der Vergiftung blieben Sensibilitätsstörungen an beiden Beinen zurück.

Aufgrund der festgestellten Thallium-Vergiftung wurden auch bei seiner Frau und seiner Tochter Blut- und Urinproben erhoben, deren Auswertung bei Hilde Welsch Anfang September 1981 im Urin keine nachweisbare Menge und im Serum eine Menge kleiner als 5 mcg/l sowie bei seiner Tochter für den 9. September im Urin 245 mcg/l und im Serum 6 mcg/l Thallium ergaben. Eine stationäre Aufnahme von Nathalie hielten die Ärzte nicht für angezeigt, jedoch musste sie für ein halbes Jahr mit Tabletten behandelt werden. Folgeschäden sind weder bei Hilde noch bei Nathalie Welsch aufgetreten.

Nachdem im Klinikum Mannheim eine Thallium-Vergiftung als Ursache der Schmerzen festgestellt worden war, rekonstruierte Wolfgang Welsch zusammen mit dem Klinikdirektor Prof. Dr. Hennemann, wo und bei welcher Gelegenheit die Giftaufnahme erfolgt sein könnte. Aufgrund der Erfahrungen mit Thallium-Vergiftungen konnte anhand der zeitlichen Abfolge der Vergiftungserscheinungen sehr schnell das Essen als Giftaufnahme ausgemacht werden. Da es zu diesem Zeitpunkt Warnungen vor durch die PLO mit Quecksilber vergifteten Orangen in Israel gegeben hatte, mutmaßte Wolfgang Welsch, dass eventuell die PLO das Hackfleisch im Supermarkt vergiftet haben könnte und er nur zufälliges Opfer eines PLO-Anschlags geworden sei. Irrtümlich ging er davon aus, dass auch Haack von den Buletten gegessen habe und eventuell ebenfalls vergiftet worden sei.

Zwischenzeitlich hatte das MfS aufgeklärt, dass die Familie Welsch nach Deutschland zurückgekehrt war und den Anschlag überlebt hatte. Das MfS beschloss in dieser Situation, den Angeklagten Haack endgültig in die DDR unter seinen Alias-Personalien zu übersiedeln und ihn nicht mehr im Westen einzusetzen. Um jeden Verdacht von Haack abzulenken, sollten die Welschs in den Glauben versetzt werden, auch Haack sei vergiftet worden. Zu diesem Zweck wurde dem Angeklagten bei einem Treffen mit seinem Führungsoffizier Theil der Auftrag erteilt, eine vom MfS zur Verfügung gestellte Ansichtskarte von Buenos Aires an die Familie Welsch zu schreiben. Der Text wurde von Theil vorgegeben. Unter dem Datum 25. Oktober 1981 schrieb er auf der Karte mit verstellter Schrift, so als ginge es ihm nicht gut, er sei sehr krank geworden und sein Team ohne ihn weitergereist. Er habe schon seine Kamera versetzt, um die ärztliche Behandlung bezahlen zu können. Auf einer weiteren Karte ohne Datum teilte er lediglich mit, er sei nach Aufenthalten in verschiedenen Ländern nun in Argentinien. Leider könne er noch keine Adresse mitteilen, da er viel unterwegs sei. Er werde sich bald wieder melden. Diese Karten wurden – vermutlich über die Botschaft der DDR in Buenos Aires – von Buenos Aires aus versandt. Dies waren vorerst die letzten Lebenszeichen von Peter Haack.

Nachdem Wolfgang Welsch die Postkarte von Haack erhalten hatte, zeigte er sie Dr. Gansser, Stationsarzt des Mannheimer Klinikums, der aufgrund der Schrift die Annahme Welschs bestätigte, dass auch Haack an einer Thallium-Vergiftung leide. Er stellte auch eine entsprechende ärztliche Bescheinigung aus, mit der Wolfgang Welsch einen Notruf für Argentinien über die Deutsche Welle in Köln veranlasste. Er wollte so seinen „Freund" Haack suchen, um ihm mitzuteilen, dass er sich mit Thallium vergiftet habe, damit dieser eine entsprechende Behandlung einleiten könne. Da er nicht wusste, dass sich Haack völlig gesund längst unter dem neuen Namen Schaack in Ost-Berlin in Sicherheit befand, bat er zusätzlich einen argentinischen Freund, im argentinischen Fernsehen eine Suchmeldung nach Haack zu starten. Wolfgang Welsch sah Haack erstmals in der Hauptverhandlung als Angeklagten wieder. Nach seinen eigenen Worten nahm er dessen Entschuldigung als Mensch an. Der Institution MfS konnte er nicht verzeihen.

Der Angeklagte Haack hat den objektiven Tatablauf umfassend eingestanden, aber behauptet, er habe die Eheleute allenfalls an der Gesundheit beschädigen wollen; er habe nicht gedacht, dass das Kind geschädigt werden könnte. Das Landgericht hat die Einlassung der Angeklagten Haack und Mattern, die Aussagen der Zeugen, die gutachtlichen Äußerungen der medizinischen Sachverständigen sowie die vorgelegten und verlesenen Urkunden umfassend gewürdigt und die Überzeugung gewonnen, dass Haack die vergifteten Buletten mit Tötungsvorsatz verabreicht hat. Die Tätigkeit des Angeklagten als „IM Alfons" waren durch die beigezogenen und verlesenen Dokumente aus dem Bestand des Bundesbeauftragten für das Ministerium für Staatssicherheit geführten Akten „IM

Alfons“ und den „Operativ-Vorgang Skorpion“ zu belegen. Die Führungsoffiziere Klaus Hänsel und Peter Theil standen als Zeugen zur Verfügung. Die Kenntnisse zu der Bearbeitung westdeutscher Fluchthilfeorganisationen durch das Ministerium für Staatssicherheit der DDR ergaben sich ebenso aus den ausgewerteten und verlesenen Akten des Ministeriums für Staatssicherheit der DDR. Die hierzu als Zeugen gehörten ehemaligen Mitarbeiter der Hauptabteilung VI des Ministeriums für Staatssicherheit haben die Organisationsstruktur der Hauptabteilung VI sowie deren grundsätzliche Aufgabe erläutert, unter anderem wie Fluchthelferorganisationen, im Sprachgebrauch des MfS „kriminelle Menschenhändlerbanden“ genannt, zu bekämpfen waren.

Die Anbahnung des Kontakts zu Wolfgang Welsch, die ersten Ergebnisse und die Planungen mit Stand 22. Mai 1980 sind in den ausgewerteten und verlesenen MfS-Akten dokumentiert. Die Feststellungen zur Planung der Tat beruhen ausschließlich auf der voll glaubhaften Einlassung des Angeklagten Haack zu diesem Punkt. Für den maßgeblichen Zeitraum der Planung und der Ausführung der Tat im Jahre 1981 konnten beim Bundesbeauftragten für die Unterlagen des Staatssicherheitsdienstes der ehemaligen DDR keine Akten aufgefunden werden. Der als Zeuge gehörte ehemalige Mitarbeiter der Hauptabteilung VI Karl-Heinz Pätzold gab an, er habe diesen Teil der Akten nach der Wende im November 1989 vernichtet. Im November 1989 hätten die damaligen Mitarbeiter des MfS spontan angefangen, Akten zu vernichten, da die Bürgerbewegung auf einmal die Möglichkeit bekommen hatte, auf die Akten zuzugreifen. Es habe sich um

Geheimdienstarbeit gehandelt, die keinen auf der Straße etwas angehe. Auf die Frage, warum er gerade die Akten für den Zeitraum 1981 und 1982 vernichtet habe, danach jedoch wieder Akten im Vorgang „Skorpion" vorhanden seien, gab er an, er könne sich nicht erklären, warum er gerade diesen Teil vernichtet hätte. Die Vernichtung gerade dieses Teils der MfS-Akten und die Erklärung des Zeugen Karl-Heinz Pätzold dazu sprachen nach Auffassung der Schwurgerichtskammer dafür, dass der Angeklagte Peter Haack die Wahrheit gesagt hatte, als er davon berichtete, Generalmajor Dr. Fiedler habe ihm mitgeteilt, Welsch sollte liquidiert werden, und dass verschiedenste Pläne hierzu besprochen wurden. Die Vermutung liegt nahe, dass gerade dieser Vorgang in den vernichteten MfS-Akten enthalten war. Es entsprach der Gewohnheit des MfS, alles bis ins Kleinste zu dokumentieren, so vermutlich auch den Beschluss zur Tötung der Familie Welsch und die entsprechenden Planungen dazu.

Die Krankengeschichte von Wolfgang Welsch haben die Zeugen und Sachverständigen Prof. Dr. Hennemann als Direktor des Klinikums der Stadt Mannheim und Dr. Gansser als zuständiger Stationsarzt bestätigt. Prof. Dr. Hennemann konnte über alle Einzelheiten der beiden Klinikaufenthalte einschließlich der Befundtatsachen und der Ergebnisse der durchgeführten Urin- und Blutproben berichten. Insbesondere führte er aus, dass der bei Wolfgang Welsch am 17. August 1981 noch gemessene Thallium-Spiegel grundsätzlich im letalen Bereich gelegen hätte. Je früher die konsequente Behandlung auf eine Thallium-Vergiftung beginne, umso besser seien die Chancen, das Thallium aus dem Körper zu ziehen und so Folgeschäden vorzubeugen. Es ist insoweit ein Vorteil für den Täter, dass der Vergiftete keinerlei Verdacht schöpft, da Thallium als geruchs- und geschmacksloses Gift völlig unbemerkt beigebracht werden kann.

Der Angeklagte Haack hat sich des tateinheitlich begangenen dreifachen Mordversuchs schuldig gemacht, indem er die mit tödlichem Gift zubereiteten Buletten Wolfgang Welsch zum Essen reichte, dabei billigend in Kauf nahm, dass auch die Ehefrau Hilde und die Tochter Nathalie davon essen und alle drei durch die tödliche Giftdosis sterben würden. Die Tat erfüllt das Mordmerkmal der Heimtücke, weil er die Arg- und Wehrlosigkeit seiner drei Opfer bewusst zur Tat ausgenutzt hat. Im Übrigen sind schon allein die Art und Weise der Beibringung eines geruchs- und geschmacklosen Gifts mittels einer Speise heimtückisch im Sinne des Gesetzes. Bei der Strafzumessung hat die Schwurgerichtskammer neben dem von Reue getragenen Geständnis unter anderem zugunsten des Angeklagten berücksichtigt, dass er das letzte Glied in der Kette der Verantwortung für den Mordanschlag war und die Hintermänner im MfS der strafrechtlichen Verantwortung entzogen blieben. Festgesetzt hat die Schwurgerichtskammer eine Freiheitsstrafe von sechs Jahren und sechs Monaten.[209]

209 Urteil des LG Berlin vom 28.11.1994 – AZ (527) 29/2 Js 256/90 Ks (15/94)

DIE NOTWENDIGKEIT DES ERINNERNS

Eine Erkenntnis aus allen geschilderten Verfahren bleibt: Diktaturen bedürfen zum Überleben offensichtlich der Kontrolle über das eigene Volk. Die SED hat sich das Ministerium für Staatssicherheit geschaffen, um die Menschen systematisch zu bespitzeln und auszuhorchen. Vergleichbar mit der unseligen NS-Zeit, diente die politisch gesteuerte Justiz als Instrument der Verfolgung und Unterdrückung, um jede Form der Ablehnung der sozialistischen Gesellschaftsordnung mit teilweise unmenschlichen Strafen zu ahnden. Unter dem Deckmantel eines angeblich justizförmigen Verfahrens wurden Menschen gebrochen und Lebensläufe zerstört.

Wie viel Unrecht ist insgesamt geschehen? Wie oft sind unmenschliche Strafen ausgesprochen worden? Die Täter leben unter uns. Das erklärt, warum bestimmte Kreise immer wieder auf Schließung der Akten der sogenannten „Gauck-Behörde“ drängen. Es ist der Versuch, eine Mauer des Schweigens aufrechtzuerhalten, um die Wahrheit zu verdecken – die Wahrheit, schmutzigen Verrat begangen und am Unrecht mitgewirkt zu haben. Bisher haben drei Bundesbeauftragte für die Stasi-Unterlagen (BStU), Joachim Gauck, Marianne Birthler und Roland Jahn, das unselige Erbe verwaltet. Alle drei waren Bürgerrechtler und haben die für die Erinnerung notwendigen Akten verwahrt und damit das Gedächtnis gesichert. Nach dem Bundestagsbeschluss vom 19. November 2020 werden die Unterlagen in das Bundesarchiv überführt werden und dann nicht nur in Ostdeutschland, sondern auch in Westdeutschland an jedem Standort des Bundesarchivs zur Einsicht offenstehen. Mit Hilfe dieser Akten können noch heute diejenigen, die Unrecht getan haben, aufgrund ihrer eigenen Aufzeichnungen überführt werden.

Das Interesse der Opfer des SED-Unrechts an Aufklärung und Erinnerung ist ungebrochen. Was mögen sie denken und empfinden, wenn sie erfahren müssen, die Ehefrau oder der Ehemann, die Nachbarin oder der Nachbar, die Arbeitskollegin oder der Arbeitskollege haben Wichtiges, Intimes oder Banales dem MfS mitgeteilt? Der letzte Bundesbeauftragte für die Stasi-Unterlagen Roland Jahn sagte in einem Interview vom 13. November 2020 dem Redaktionsnetzwerk Deutschland, seit Ende 1990 hätten 3,3 Millionen Menschen Anträge auf Akteneinsicht gestellt, darunter rund 78.000 aus Bayern und rund 61.000 aus Niedersachsen. Jahns Amt wird aufgelöst. Neu geschaffen wird das Amt des Bundesbeauftragten für die Opfer des SED-Unrechts. Seine Aufgabe wird es sein, den Opfern eine starke Stimme zu geben und zugleich um Versöhnung zu werben. Es ist gut und wichtig, dass die Unterlagen auch für die Wissenschaft und Forschung zugänglich bleiben. Wer will, dass sich Unrecht nicht wiederholt, muss verstehen, wie es dazu gekommen ist.

Der Versuch der strafrechtlichen Aufarbeitung des SED-Unrechts hat gezeigt, dass eine unabhängige und nur dem Recht und Gesetz verpflichtete Justiz an ihre Grenzen gestoßen ist. Auch personell war sie überfordert. Der Wunsch und die Hoffnung auf Gerechtigkeit werden konfrontiert mit den Regeln eines rechtsstaatlichen und justizförmigen Verfahrens. Gemessen an dem Unrecht und den Folgen für die Opfer, kann nur von symbolischen Strafen gesprochen werden. Die bundesdeutsche Justiz hat sich an der nach Ende der nationalsozialistischen Gewaltherrschaft entwickelten Radbruch'schen Formel zum Konflikt zwischen Rechtssicherheit und Gerechtigkeit orientiert. Unrecht ist überwiegend nur beurkundet worden. Die Aufarbeitung der Rechtsbeugung durch DDR-Richter ist in der Gesamtschau ähnlich gescheitert wie der Versuch der Berliner Nachkriegsjustiz, die Tätigkeit der Richter und Staatsanwälte am Volksgerichtshof zu untersuchen. In Strafverfahren wie auch in Kassations- und Rehabilitierungsverfahren mussten die Opfer schmerzlich erfahren, dass Gerechtigkeit und Rechtsstaatlichkeit sich nicht immer entsprechen, letztere aber Vorrang hat. Siegerjustiz, wie sie immer wieder von bestimmter Seite behauptet wird, sieht anders aus.

ANHANG

ABKÜRZUNGSVERZEICHNIS

Anm.	Anmerkung
AZ	Aktenzeichen
BGH	Bundesgerichtshof
BGHSt	Entscheidungen des Bundesgerichtshofes in Strafsachen
BStU	Der Bundesbeauftragte für die Unterlagen des Staatssicherheitsdienstes der ehemaligen Deutschen Demokratischen Republik
BVerfG	Bundesverfassungsgericht
BVerfGE	Entscheidungen des Bundesverfassungsgerichts
BVerwG	Bundesverwaltungsgericht
DRB	Deutscher Richterbund
DRiZ	Deutsche Richterzeitung
DtZ	Deutsch-Deutsche Rechtszeitschrift
EGMR	Europäischer Gerichtshof für Menschenrechte
F.A.Z.	Frankfurter Allgemeine Zeitung
GBl	Gesetzblatt
IPbürgR	Internationaler Pakt für bürgerliche und politische Rechte
KG	Kammergericht
LG	Landgericht
m.w.H.	mit weiteren Hinweisen

NJ	Neue Justiz (einzige rechtswissenschaftliche Zeitung der DDR)
NJW	Neue Juristische Wochenschrift
NStZ	Neue Zeitschrift für Strafrecht
NStZ-RR	NStZ-Rechtsprechung-Report-Strafrecht
OG	Oberstes Gericht der DDR
OVG	Oberverwaltungsgericht
StrRehag	Strafrechtliches Rehabilitierungsgesetz
VG	Verwaltungsgericht
VIZ	Zeitschrift für Vermögens- und Immobilienrecht

AUSGEWÄHLTE LITERATUR

Achhammer, Detlev, 2. Bericht der Berliner Strafverfolgungsbehörden – Erlebnisbericht über die Rolle der Berliner Staatsanwaltschaften bei der Herstellung der Rechtseinheit Berlins 1989/1990, Herausgeber: Der Generalstaatsanwalt in Berlin 2010

Ausstellungskatalog „Im Namen des Volkes", Ausstellung des Bundesjustizministeriums 1994

Berlin ist das Herz Europas, ich kenn kein anderes. Axel Springer und seine Stadt, Axel Springer Verlag, Berlin 2015

Berlin, Quellen und Dokumente 1945-1951, Heinz Spitzing Verlag, Berlin 1964

Bisky, Jens, Berlin – Biographie einer großen Stadt, Rowohlt Berlin Verlag GmbH, Berlin 2019

Bräutigam, Hansgeorg, Die Toten an der Berliner Mauer und an der innerdeutschen Grenze und die bundesdeutsche Justiz, Deutschland Archiv Heft 6/2004, S. 969 ff.

Debes, Klaus-Heinrich und Weinke, Annette, Aufklärung von DDR-Unrecht in Strafverfahren, Deutschland Archiv Heft 10/1995, S. 1015 ff.

Dietrich, Eckart, Strafjustiz nach der Wende, Jubiläumsschrift 550 Jahre Kammergericht, Berlin Story Verlag, Berlin 2018

Erneuerung und Abwehr – Monatsblatt der Evangelischen

Notgemeinschaft in Deutschland, Beiheft Nr. 56, Renningen-Malmsheim 1993

Fischer, Thomas, Strafgesetzbuch StGB, 60. Aufl. (§ 339 Rdnr.16 ff.), Verlag C.H.Beck, München 2013

Föhrig, Friedrich-Karl, Delegitimierende Gnade, Mitgliederzeitschrift des Landesverbandes Berlin des Deutschen Richterbundes 1/2000

Fricke, Karl Wilhelm, Politik und Justiz in der DDR, Verlag Wissenschaft und Politik, Köln 1992

Gauck, Joachim, Winter im Sommer – Frühling im Herbst, Siedler Verlag, München 2009

Grafe, Roman, Die Grenze durch Deutschland. Eine Chronik von 1945 bis 1990, Siedler Verlag, München 2002

Herzig, Manfred, Die Rolle des Landgerichts bei der Wiedervereinigung der Berliner Justiz, Jubiläumsschrift 550 Jahre Kammergericht, Berlin Story Verlag, Berlin 2018

Hilgendorf, Strafgesetzbuch LK, 12. neu bearbeitete Auflage 2009

Honecker, Erich, Letzte Aufzeichnungen für Margot, Edition Ost, Berlin 2012

Kelting-Scholz, Antje-Katrin, Die juristische Aufarbeitung des DDR-Unrechts am Beispiel der Rehabilitierung und Entschädigung ehemaliger Heimkinder, Berlin Story Verlag, Berlin 2018

Knabe, Hubertus, Die Täter sind unter uns, Propyläen Verlag, Berlin 2007

Kuppe, Johannes, Die Parteifinanzen – eine Skandalgeschichte, Deutschland Archiv Heft 12/1990

Leonhard, Wolfgang, Die Revolution entlässt ihre Kinder, Kiepenheuer & Witsch, 28. Aufl. Köln 2019

Loest, Erich, Die Stasi war mein Eckermann, Steidl Verlag, Göttingen 1991

Mählert, Ulrich, Geschichte der DDR 1949-1990, Landeszentrale für politische Bildung Thüringen, Erfurt 2014

Marxen, Klaus / Werle,Gerhard / Schäfter, Petra, Die Strafverfolgung von DDR-Unrecht – Fakten und Zahlen, Stiftung zur Aufarbeitung der SED-Diktatur, Humboldt-Universität zu Berlin 2007

Pfister, Wolfgang, Das Rehabilitierungsgesetz, NStZ 1991

Rottleuthner, Hubert / Baer, Andrea, Steuerung der Justiz in der DDR, darin: Gängel, Andreas, Das Oberste Gericht der DDR, Köln 1994

Sager, Peter, Getarnte Firmen. Der kommunistische Wirtschaftskrieg in Österreich, Schweizerisches Ostinstitut, Bern 1962

Scholz, Rupert, 40 Jahre SED-Unrecht – Eine Herausforderung für den Rechtsstaat, Sonderheft 2 der Zeitschrift für Gesetzgebung, Verlag C.H. Beck, München 1991

Seppelt, Hans-Joachim / Schück, Holger, Anklage: Kinderdoping – Das Erbe des DDR-Sports, Tenea Verlag, Berlin 1999

Stiege, Rudolf, Berlin bleibt doch Berlin, Beiträge zur 750-Jahr-Feier von der Berliner Morgenpost, Ullstein Verlag, Berlin 1987

Wassermann, Rudolf, 40 Jahre SED-Unrecht. Eine Herausforderung für den Rechtsstaat, Sonderheft 2 der Zeitschrift für Gesetzgebung, Verlag C.H. Beck, München 1991

Werkentin, Falco, Politische Justiz in der DDR, Landeszentrale für politische Bildung Thüringen, Erfurt 2012

Wesel, Uwe, Ein Staat vor Gericht, Eichborn Verlag, Frankfurt am Main 1994

Wolff, Friedrich, Verlorene Prozesse 1953 – 1998, Nomos Verlagsgesellschaft, Baden-Baden 1999

DANK

Auch zur Fertigstellung dieses Buches haben viele Menschen beigetragen. Ihnen möchte ich Dank sagen. Zu nennen ist zunächst mein Verleger Wieland Giebel, der mir nach der Herausgabe meines ersten Buches *Terroristen vor dem Kammergericht* 2020 gesagt hat, ich solle mich nun „nicht auf die faule Haut legen“. Das Thema SED-Unrecht war schnell gefunden, weil es meine letzten Berufsjahre zwischen 1990 und 2002 sehr geprägt hat. Für den Mut zum Weitermachen und für viele Anregungen danke ich dem mir freundschaftlich verbundenen Pfarrer Dr. Klaus Kliesch, der Geschäftsführerin der Bundesstiftung zur Aufarbeitung der SED-Diktatur Frau Dr. Anna Kaminsky, die mir auch die Ehre erwiesen hat, das Vorwort zu verfassen, sowie den befreundeten Richterkollegen Hans-Jürgen Brüning und Josef Hoch. Gabriele Dietz danke ich sehr für das sorgfältige Lektorat. So wird aus einem Manuskript ein Buch. Ganz besonderer Dank gilt meinen lieben Töchtern Christine, Stephanie und Elena, die jede auf ihre besondere Art mit Durchsicht und Korrekturen behilflich waren. Schließlich gilt großer Dank meinen langjährigen lieben Freunden Erika und Horst Seidel sowie dem Verein Historiale, die wesentlichen Anteil daran haben, dass das Buch erscheinen kann.

Hansgeorg Bräutigam
Berlin, im März 2021

DER AUTOR

Hansgeorg Bräutigam, geboren am 3.5.1937 in Berlin

1956 bis 1960 Studium der Rechtswissenschaften an der Freien Universität Berlin
1960 bis 1964 Referendariat im Kammergerichtsbezirk Berlin
1964 bis 1970 Richter an mehreren Berliner Amtsgerichten und am Landgericht Berlin
1970 bis 1973 Pressereferent des Berliner Justizsenators und Leiter der Justizpressestelle
1973 bis 1977 Regierungsdirektor und Senatsrat am Justizprüfungsamt
1977 bis 1978 Ermittlungsrichter am Kammergericht
1979 bis 2002 Vorsitzender Richter am Landgericht Berlin (allgemeine Strafkammer, Wirtschaftsstrafkammer und Schwurgericht)
1991 bis 1994 Vorsitzender der Erzbischöflichen Schlichtungsstelle im Erzbistum Berlin im Nebenamt
Seit 2002 im Ruhestand
Bis 2007 weiterhin Mitglied des Gemeinsamen Justizprüfungsamtes Berlin-Brandenburg und Vorsitzender im 1. und 2. Staatsexamen sowie Arbeitsge-meinschaftsleiter für Referendare
2002 bis 2005 Vorsitzender der Schiedsstelle nach SGB XI im Land Brandenburg
2006 Schiedsperson nach § 132 a SGB V zwischen den Krankenkassen und den Pflegeeinrichtungen in Brandenburg

Zahlreiche rechts-, justiz- und deutschlandpolitische Beiträge in der Berliner Morgenpost, im Deutschland-Archiv und in juristischen Fachzeitschriften, Autor vieler Rundfunkbeiträge im Sender Freies Berlin für den Schulfunk und zum Verkehrsrecht, 25 Jahre ehrenamtliche Tätigkeit im Bund gegen Alkohol und Drogen im Straßenverkehr.